AF741305

Anwenderstory Dr. Jos Gal

Hier kommt eine wahre Anwenderstory – begleiten Sie, liebe Leserin, lieber Leser, mich auf den Platz. Es ist ein milder Septembertag, und ich spiele die Hungarian MidAm Open.

Das Skript von Yannick mit der Bitte um ein Vorwort erreichte mich mitten in der Turnierwoche der Open, an denen ich als einer der Favoriten teilnahm, nachdem ich im Jahr zuvor den zweiten Platz belegte hatte. Damals verlor ich das Turnier am Schlussloch, nachdem der spätere Erste seinen 8-Meter-Putt lochte und ich meinen 4-Meter-Putt zu kurz ließ. Ich hatte nun ein Jahr Zeit, darüber nachzudenken, warum sein Putt rein ging und meiner nicht; ein Jahr Zeit, das Geschehene zu reflektieren, zu analysieren und zu verarbeiten. Was würde ich dafür geben, diesen Putt in dieser Situation noch mal spielen zu dürfen!

Und dann kam Yannicks Buch GOAL 1N ONE drei Tage vorm ersten Spieltag der Hungarian MidAm Open, mitten in der Vorbereitung, bei mir an. Genau zur richtigen Zeit, und ich habe es binnen weniger Tage verschlungen und direkt im Turnier versucht, mich daran zu orientieren.
Das Buch motiviert unheimlich stark, vor allem, wenn jeder Schlag zählt, alle körperlich und spielerisch am Limit und es die mentalen Nuancen sind, die über den Sieg entscheiden. Yannick beschreibt als ehemaliger angehender Profigolfer sehr anschaulich, was auch für den ambitionierten Amateur gilt: Dieses Spiel gewinnt man zwischen den Ohren!

Und so kam es, dass ich vorm Wochenende auf den T17-Platz abgerutscht bin, obwohl ich gut gespielt, aber mir selbst zu viel Druck aufgebaut hatte. Ich wollte den Platz unbedingt unter PAR spielen, wollte unbedingt Birdies erzwingen – statt diese geschehen zu lassen. Danach las ich einige Kapitel des Buches noch mal und begann dann umzudenken! Vor allem Kapitel 2.1 („Gute und schlechte Tage") hat mich wieder an den Sieg glauben lassen! Am Samstag, dem ‚Moving-Day', spielte ich dann die beste Runde des Tages und schob mich auf den geteilten 2. Platz (T2) vor, mit einem Schlag Abstand zu den beiden bis dato Erstplatzierten. Hinter mir waren noch sechs bis sieben Spieler im Abstand von drei bis vier Schlägen, die auch alle noch Chancen auf den Titel hatten.

Da merkte ich bereits, was mir GOAL 1N ONE schon gebracht hat. So vertiefte ich mich immer mehr in das Buch, suchte (und fand) darin den Schlüssel zum Sieg, denn ich wusste, dass es morgen, am Finaltag, auf das Mindset, die richtige mentale Einstellung, ankommen würde! Sieger wird, wer sich und seine Gedanken und Emotionen am besten kontrollieren kann! Und genau das findet sich im Buch! Eine bessere Anleitung hätte ich nicht finden können!

Und so startete ich am Finaltag wieder im Schlussflight; wie bereits im letzten Jahr, als ich am letzten Loch so bitterlich verlor. Es lief holprig an, zwei unnötige Bogeys und ein 4er-Putt (!) nach fünf Loch ließen mich auf T9 zurückfallen – doch seltsamerweise ließ mich das kalt, es regte mich nicht auf, es ließ mich nicht resignieren. Normalerweise bricht an so einem Punkt das eigene Spiel zusammen, doch ich spürte im Inneren, dass ich das Turnier noch gewinnen kann. Ich sah mich schon auf dem Podest ganz oben, in meinem gelben Poloshirt, welches ich an diesem Finaltag trug. Eigentlich völlig absurd, denn ich lag nun sechs Schläge zurück zur Spitze und es waren noch 13 Löcher zu spielen – doch überall in meinem Kopf waren die Worte von Yannick, besonders die aus dem Kapitel 4.6 („Der richtige Fokus").

Und dann spielte ich ruhig weiter und kämpfte mich wieder hoch auf Platz 1 nach 15 Loch, da die anderen dann auch Federn ließen! An der 16 dann ein unnötiges Doppelbogey an einem PAR 3, wieder zurück auf T2, zusammen mit meinem Flightpartner mit einem Schlag Abstand zum Ersten, der im Flight vor uns spielte und dessen Score ich im Livescoring verfolgen konnte. An der 17 noch ein PAR und dann kam die 18.

Ich wusste: Der Führende spielte Bogey und war im Clubhaus, d. h. mit PAR gehen wir ins Stechen, ein alleiniges Birdie bedeutet Turniersieg! Und so wiederholte sich die Geschichte aus dem Vorjahr, doch mit umgedrehten Voraussetzungen: Wir lagen auf der 18 (PAR 5) beide mit dem dritten Schlag zum Birdie, mein Flightpartner ca. fünf Meter weg auf dem Grün und ich circa acht Meter von der Fahne auf dem Vorgrün!

Und da war er, der Moment, den ich ein Jahr lang herbeigesehnt hatte: wieder die Chance, mit einem einzigen Putt das Turnier zu gewinnen, am Schlussloch!!

So lange habe ich darauf gehofft, noch mal diese Chance zu erhalten; und nun musste ich auch lochen, auch wenn das vom Vorgrün acht Meter entfernt vom Loch mit Break nach links fast unmöglich war (oder schien)! Ich dachte an Yannicks Geschichte aus Kapitel 5.2 („Druck") und wusste einfach, dass ich es diesmal schaffen würde!

UND DANN habe ich diesen Putt gelocht!!

Mein Flightpartner, schlaggleich, war sichtlich geschockt so wie ich im Jahre zuvor und ließ seinen Birdieputt zwei Zentimeter zu kurz.

DAMIT HATTE ICH DAS TURNIER GEWONNEN!!

Yannicks Buch GOAL 1N ONE war der Schlüssel zu meinem Sieg. Ich kann jedem Golfer dieses Buch nur empfehlen, denn es steckt voller Wahrheiten.

Dr. Jos Gal
Die 5-Sterne-Praxis & First German Founder Astronaut XCOR

FSC
www.fsc.org
MIX
Papier aus verantwortungsvollen Quellen
Paper from responsible sources
FSC® C105338

Yannick Rosenberger

GOAL 1N ONE –
So erreichst Du mit Mentaltraining
Deine Ziele im Golf

Herausgegeben von

go! LiveVerlag

Die deutsche Bibliothek – CIP-Einheitsaufnahme
Die Deutsche Nationalbibliothek verzeichnet diese Publikation in der Deutschen Nationalbibliografie; detaillierte bibliografische Daten sind im Internet unter https://dnb.de abrufbar

Rosenberger, Yannick:
GOAL 1N ONE – So erreichst Du mit Mentaltraining Deine Ziele im Golf

Print: ISBN 978-3-9818220-9-0
E-Book: ISBN 978-3-9818220-8-3

2., aktualisierte Auflage 2023

Gesamtproduktion, Design, Layout, redaktionelle Unterstützung:
text-ur agentur Dr. Gierke, Köln, www.text-ur.com

Druck, Buchhandelsbestellungen: BoD GmbH, www.bod.de
Buchpaket- und Buchbestellungen mit persönlicher Widmung des Autors unter:
me@yannickrosenberger.de

ISBN 978-3-9818220-9-0

Printed in Germany

Inhalt

Geleitwort Andreas Buhr

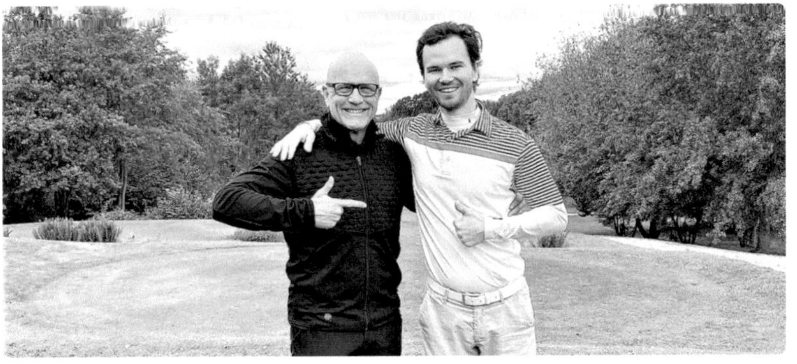

Andreas Buhr und Yannick Rosenberger

Mein erster Kontakt zum Golfsport liegt ein paar Jahre zurück. Ich sehe Henry vor mir, Henry ist 74 und Henry ist Pro im Golfclub des Robinson Club Cala Serena. Ich komme zu ihm als Marathonläufer, als Fußballer, als Skilehrer, fühle mich fit und „dem Golfen überlegen" – typisch für jemand, der den Golfsport nicht ernst genommen, besser, nicht verstanden hat. „Hallo Henry, ich bin Andreas, kannst Du mir fünf Dinge über Golfen beibringen, sodass ich zukünftig auf der Runde mithalten kann." Da schaut er mich an und sagt: „Interessante Frage, Andreas, doch die ist vielleicht ein bisschen überheblich. Ich hab' im Leben mehr über Golfen vergessen, als Du wahrscheinlich noch lernen kannst." Das saß! Und dann hat er mir fünf Dinge gezeigt. Golf ist eine Kombination von Routine, Schwungtechnik, Umfeld, Kondition und Mindset: Ich arbeite bis heute daran.

Wie gut sind meine schlechten Schläge heute?

Ich habe dann auf dem Fairway eine Aussage gelernt, die sich auch durch mein Tagesgeschäft zieht: „Es kommt darauf an, wie gut meine schlechten Schläge heute sind." Das bedeutet, dass es heute schlechte Schläge gibt – und morgen und übermorgen auch – und dass es darauf ankommt, wie gut Du mit Schwierigkeiten auf dem Platz resp. im Leben zurechtkommst. Wir werden besser, wenn auch die schlechten Schläge noch brauchbar sind. Oder, im Businesskontext, wenn unsere schlechten Entscheidungen uns noch ‚im Spiel' halten. Wenn wir also – ob auf dem Platz oder im Geschäftsleben – Strategien entwickeln und trainieren, die uns schrittweise besser werden lassen. Was wir beim Golfen lernen können, gilt eins zu eins auch für das Business, für mehr Geschäftserfolg, mehr Unternehmenserfolg.

Golf ist eine Charakterschule – und Trainingslager für das Geschäftsleben
Dafür brauchen wir das richtige Mindset: Resilienz im Umgang mit Fehlern. Lernbereitschaft. Fokus auf die positiven Entwicklungen. Ausblendenkönnen von Störungen. Neben Mindset tritt Wissen, Können, Strategie. Zuallererst: Eine genaue Vision zu haben, was wir erreichen, wo wir (mit dem Ball) hinwollen. Dafür die Ziele richtig zu setzen, eine Strategie zu entwickeln und diese mit den richtigen Entscheidungen umzusetzen. Aus den Fehlern dieser Entscheidungen – und sie sind unvermeidlich – zu lernen. Sie umzudeuten in Erfahrungswissen. Fokussiert bleiben, fleißig, sich immer wieder präzise vorzubereiten. Vorbereitung, Training und Mindset erst machen aus Talent Erfolg – der Fleißige schlägt den Talentierten. Überall! Das hat mich schon Henry wissen lassen!

Mindset, Strategie und Training
Ich lerne Yannick auf dem Golfplatz kennen. Ich habe schon viel vom ihm gehört. Sein Vater macht uns bekannt. Yannick hat aus seinen sportlichen Talenten mit dem richtigen Mindset, der passenden Strategie und viel Training schon früh große Erfolge gemacht. Erfolg als Golfer. Und jetzt auch konsequent als Business-Mentaltrainer. Denn Yannick nimmt seine Golfpassion als Metapher dafür, um Menschen mit seinen Techniken zu mehr Unternehmenserfolg zu bringen. Daher freue ich mich als Gründer der Buhr & Team Akademie, dass Yannick jetzt mit seinem Können unser Business-Trainerteam und die -Akademie bereichert.

GOAL 1N ONE – Buch und Training mit der „Zauberformel"
Mein Golfspiel ist oft grausam. Graupengolf. Und ich komme wieder und bleibe dran, widme mich dem, was kommt. Um mein Ziel zu erreichen, werde ich wohl noch Jahre brauchen. Sicher sollte ich GOAL 1N ONE „auswendig lernen" und mich hin und wieder von Yannick coachen lassen. Denn meine schlechten Schläge müssen einfach besser werden. Übrigens: Gestern ... hat es mal geklappt!

Ich wünsche Dir, dass Du in diesem Sinne Lernender bleibst. Die Formel der positiven Affirmation ist ein wichtiger Aspekt des richtigen Mindsets. Überall. Ich wünsche Dir die passende Haltung. Bleib' dran. Auch mit diesem Buch.

Andreas Buhr: www.andreas-buhr.com

Und: allzeit ein schönes Spiel!

Andreas Buhr
Unternehmer. Redner. Autor. „Graupengolfer"

Vorwort von Nicolai von Dellingshausen

Liebe Leserin, lieber Leser,
Yannick kenne ich nun seit fast 18 Jahren von diversen Golfturnieren und ich schätze die Einstellung zum Mentaltraining, die er vertritt.

Die Meinung vieler Golfer ist, dass man mit mentaler Arbeit erst dann anfangen sollte, wenn die physische Leistung stagniert. Aber ist das schlau? Ich denke, man sollte viel früher anfangen. Die Zusammenarbeit mit meiner Mentaltrainerin habe ich bereits als Amateur begonnen – und sie ist auch in meiner siebten Profisaison weiterhin wichtiger Bestandteil meines Trainings.
Um sowohl auf den Touren dieser Welt als auch im Amateursport Bestleistungen zu erzielen, ist mentales Training ein genauso wichtiges Instrument wie das Training am Spiel selbst. Denn je weiter man die Weltspitze nach oben klettert, desto weniger unterscheiden sich die Spielanlagen der Spitzenspieler – dann entscheidet insbesondere der Kopf zwischen Sieg und „Niederlage" (von der bei einer guten Platzierung und bei den Preisgeldern gar keine Rede sein kann).

Das Mindset der erfolgreich(-st-)en Golfer
Die Gedankenmuster zeichnen sich bei den erfolgreichen Athleten insbesondere durch folgende Eigenschaften aus: Ruhe, Vertrauen, dem richtigen Umgang mit Erfolgen und Hindernissen (wie z. B. Leistungsdruck), genauem Verständnis der eigenen Spielfähigkeiten.
Aber warum sollten diese Eigenschaften nur für Profispieler entscheidend sein? Unabhängig von der Spielklasse werden diese Eigenschaften und Erkenntnisse einem Spieler resp. einer Spielerin helfen, seinem oder ihrem Potenzial Stück für Stück näherzukommen. Dabei ist es egal, ob es um eine Handicapverbesserung, einen Clubmeistertitel, eine nationale oder internationale Meisterschaft geht. Mentales Training ist hierbei nicht als Ersatz, sondern viel mehr als Ergänzung zum eigentlichen Golftraining gedacht.
Nahezu jeder Golfspieler kennt folgende Situation, und vielleicht haben Sie diese Erfahrung auch schon selbst gemacht: Ein Spieler macht

deutliche Fortschritte der Spielfähigkeit, diese schlagen sich jedoch nicht in einem niedrigen Score nieder. Die Transferleistung zwischen dem Golftraining und einer Wettkampfsituation hat noch nicht stattgefunden. Der Kopf war noch nicht bereit. Um sein Ziel zu erreichen, könnte der Spieler resp. die Spielerin nun noch mehr Zeit auf der Driving Range verbringen oder aber einen Teil der Zeit in mentales Training investieren. Letzteres geht sogar orts- und zeitunabhängig und bedeutet somit einen geringeren logistischen Aufwand!

Mentaltraining ist eine spannende Reise
Bereits zu meiner Amateurzeit habe ich mich viel mit dem Thema des mentalen Fortschritts beschäftigt. Seitdem ich 2017 meinen Profistatus angenommen und meine erste Saison spielte, habe ich mich noch deutlich intensiver mit dem Mentaltraining beschäftigt. Es ist eine sehr spannende Reise: Man lernt sich selbst und seine Ressourcen besser kennen.
So kann ich Ihnen nur raten, sich auf diesen Weg zu begeben. Dieses Buch ist der erste Schritt. Es wird nicht immer leicht sein – haben Sie den Mut und trauen Sie sich, „Fehler" zu machen. Denn genau diese Erfahrungen haben sich im Laufe meiner Karriere als die lehrreichsten herausgestellt!

Das Schöne an der mentalen Weiterentwicklung ist, dass sie sich nicht nur auf den Sport, sondern auch auf Ihr Leben abseits des Platzes auswirken wird. Im Laufe der Zeit habe ich eine positive Weiterentwicklung in meiner Persönlichkeit sowohl auf als auch abseits des Platzes festgestellt.

Ich wünsche Ihnen viel Spaß auf Ihrer persönlichen mentalen Reise – genießen Sie sie!
Sportliche Grüße,

Nicolai von Dellingshausen
Golf Professional auf der DP World Tour

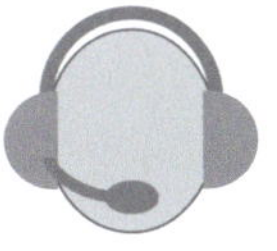

Links zum Podcastinterview mit Nicolai von Dellingshausen

Spotify

Apple

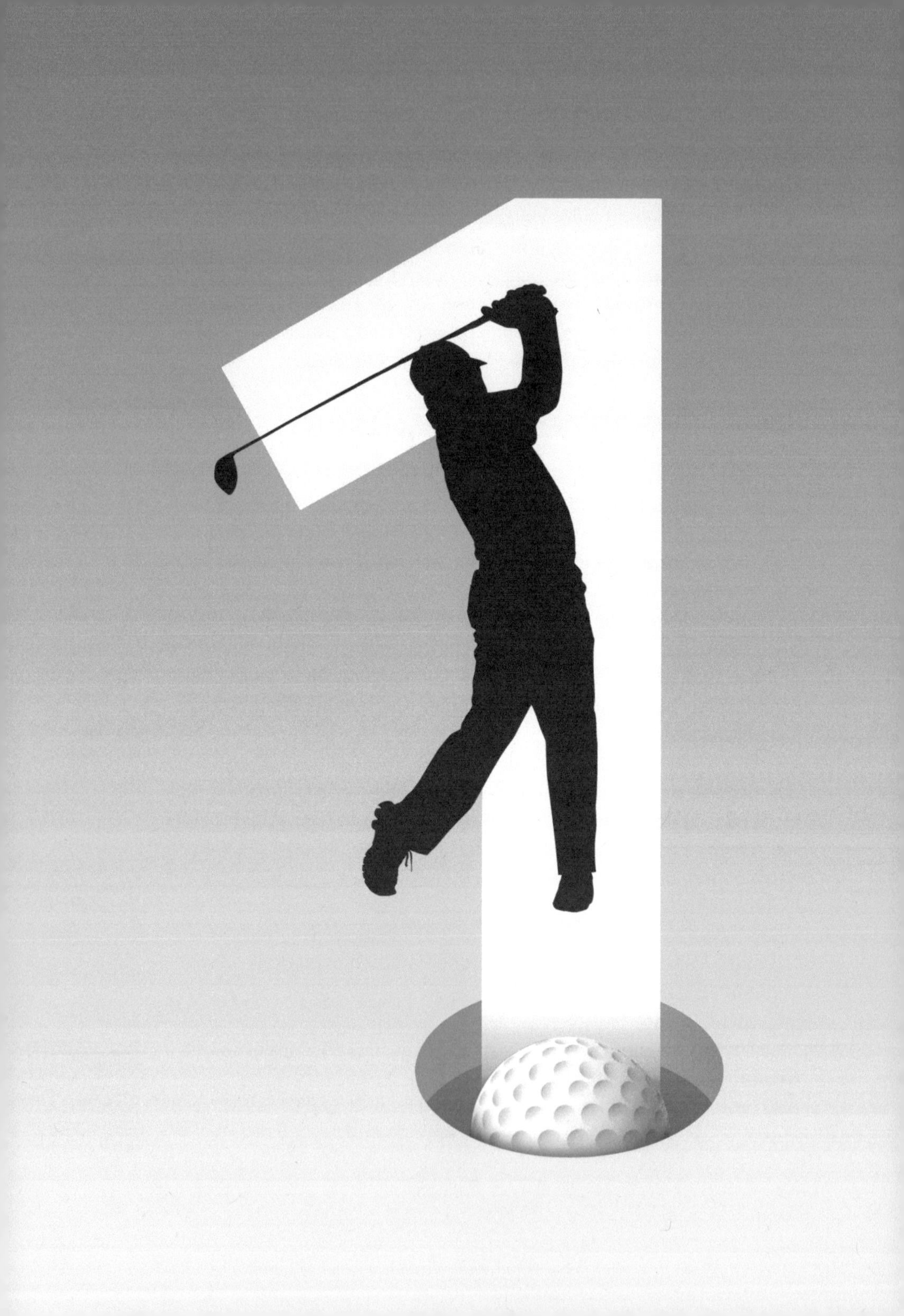

Warum ich dieses Buch geschrieben habe

... und was Du davon hast. Das hätte ich gerne auch noch in die Überschrift gesetzt, liebe Leserin und lieber Leser, aber das war einfach zu lang. Aber es ist wichtig! Denn ich lege ja mit diesem Buch keine Autobiografie über mein (noch recht kurzes) Leben vor oder philosophiere über Golf als Sport, sondern ich habe hier meine Gedanken und Erfahrungen als Golfmentaltrainer zusammengefasst, damit Du möglichst einfach davon profitieren kannst. Dabei werde ich natürlich von meiner persönlichen Erfahrung und meinem Weg vom „Golf-Trainee" bis zum Linkshand-Golfweltmeister und zum Golfmentaltrainer ausgehen – und davon immer wieder Situationen und Lernerfahrungen ableiten, die Dir sicher auch bekannt vorkommen werden. Darauf spielt auch der Titel dieses Buches an: GOAL 1N ONE zielt darauf, dass Du Deine Ziele im Golf viel schneller, einfacher und besser mit der Hilfe geeigneter Mentaltechniken erreichen kannst. Dieser Titel ist natürlich eine Ableitung von unser aller Traum, einmal ein Hole-in-one zu spielen, aber es steckt sehr viel mehr dahinter. Es gibt sehr viele Bücher zum Thema Mentaltraining, was mir allerdings bei den meisten fehlt, ist ein klares Ziel. Die Antwort auf die Frage „Was bringt mir das konkret?" fehlte mir als Leser einmal zu oft. GOAL 1N One soll Dir nicht nur mentale Techniken vermitteln, die Dir helfen, besser Golf zu spielen, Du sollst auch für Dich herausfinden, was Dein *Goal*, also

Dein Ziel ist und warum es so wichtig ist, Dein Ziel oder Deine Ziele genau zu definieren. Erst dann können wir durch Mentaltraining Dein volles Potenzial herauskitzeln. Und wenn dabei einmal ein Hole-in-one rausspringt – umso besser! Also: Los geht's – schönes Spiel!

Vom ersten Abschlag zum Hole-in-one ... dauerte es lang
Nein, Liebe auf den ersten Blick war es nicht gerade, als mich mein Vater mit acht Jahren zum ersten Mal mit auf den Golfplatz in Biblis nahm. Ruhe, Geduld, das Temperament zügeln: Das sind nicht die Eigenschaften, die ich zu meinen großen Stärken zähle.

Ich fand es interessant, den Ball zu schlagen, und freute mich, wenn der Ball mal genau dorthin flog, wohin ich wollte. Doch Fußball und Tennis waren die deutlich interessanteren Sportarten. Vor allem das Tennisspiel hat mir unglaublich viel Spaß gemacht und einen echten Kick gegeben. Auf dem Court konnte ich eher meine Stärken ausleben. Kämpfen bis zum Umfallen, keinen Ball verlorengeben und versuchen, jedes Spiel zu gewinnen. Und wenn der Schläger nach einem verschlagenen Ball mal aus der Hand zu Boden fiel, war das weniger dramatisch. Die Erfolgsfaktoren beim Tennis kamen mir deutlich mehr entgegen.

Zwei Jahre lang ging ich einmal wöchentlich zum Jugendtraining im Golfclub Biblis. Dann wechselte ich den Verein. So viel Spaß mir das auch machte, irgendwie hatte ich den Eindruck, dass ich hier nicht vorankommen würde. Also wechselte ich den Club.
Dort wurde alles anders. Man spürte deutlich, dass man hier den sportlichen Erfolg wollte. Im Training wurde ganz anders gearbeitet. Es war intensiver und es gab Fördergruppen, in denen mehrmals die Woche trainiert wurde. Den Trainern war die Lust anzumerken, uns Jugendliche nach vorne zu bringen. Es trainierten auch deutlich mehr Jugendliche in meinem neuen Club, so wurde das Training in verschiedenen Alters- und Leistungsgruppen vielseitiger. Mit der Zeit fand ich dort Freunde, mit denen ich mich auch außerhalb des Trainings getroffen habe. Wir sahen uns schließlich fast jeden Tag und

verbrachten jede freie Minute miteinander. Der Golfsport hatte mich gepackt. In den nächsten Jahren habe ich, wann immer es ging, auf dem Platz gestanden, um täglich etwas besser zu werden.

Hab ich den Golfsport ausgesucht – oder er mich?
In der letzten Zeit habe ich häufiger darüber nachgedacht, wieso ich mir ausgerechnet Golf ausgesucht habe. Oder hat der Golfsport mich ausgesucht? Tennis hat mir Freude bereitet und ich war, glaube ich, auch nicht ganz untalentiert. Meine Stärken sah ich eher auf dem Court beim Jagen nach dem kleinen Filzball. Wieso also Golf? Ein Spiel, bei dem Du nur gegen Dich selbst spielst? Ein Sport, bei dem es in erster Linie um Geduld geht. Eine schlechte Runde kann man nicht retten, indem man schneller rennt oder dem Ball hinterherläuft. Was war, war. Verschlagen ist verschlagen. Man muss einen Fehler akzeptieren und dann beim nächsten Schlag, der nächsten Runde wieder sein Bestes geben.

Ich war mein härtester Gegner
Für mich eine große Herausforderung: Auf dem Platz wurden emotionale Ausbrüche nicht gern gesehen. Und Frust gibt es bei einem verschlagenen wichtigen Ball ja reichlich.

Wenn ich Golf und Tennis miteinander vergleiche, sind die eigenen Fehler und Schwächen beim Golf viel frustrierender, als bei einem Tennismatch von einem Gegner vom Platz gefegt zu werden. Jeden Tag spiele ich aufs Neue gegen mich selbst und das ist der härteste Gegner, gegen den ich je angetreten bin.

Im Laufe der Jahre wurde mein Spiel immer besser. Mit 15 spielte ich das erste Mal in einem Turnier 4 unter Par. Mit 16 hatte ich zum ersten Mal ein Handicap unter 0. Es lief offenbar alles in die richtige Richtung. Doch in den nächsten Jahren stagnierte mein Spiel immer stärker. Ich spielte zwar konstanter, doch mein Handicap bewegte sich nicht mehr in den gewünschten Schritten nach vorne. Von Jahr zu Jahr schlug ich den Ball besser, mit einer solideren und weniger anfälligen Bewegung. Ich schlug den Ball weiter als zuvor und doch ging es irgendwie nicht mehr so recht nach vorne.

Mein Problem lag zwischen den Ohren: im Mindset

Von Jahr zu Jahr fühlte sich mein Spiel besser an, aber bei den großen Turnieren blieben die erhofften Ergebnisse aus. Das läge an meinem Kopf, hat mir mein Trainer immer wieder erklärt. Daran müsse ich arbeiten, bevor es weiter aufwärts gehen könne. Das Talent, mein Engagement und alles drum herum wären gut genug, um vorne mitzuspielen. Nur mein Kopf sei eine Katastrophe.
Ich verstand nicht, worauf er hinauswollte. In den entscheidenden Momenten im Turnier machte ich zu viele Fehler. Was soll das mit meinem Kopf zu tun haben? Wenn ich auf dem Platz versage, muss ich auf der Range nur 300 Bälle mehr schlagen und dann wird das schon.

Auf die Idee, die Aussage meines Trainers einmal wirklich zu hinterfragen, war ich nicht gekommen. Und eine konkrete Lösung für das angebliche Problem in meinem Kopf hat mir auch niemand angeboten. Ehrlich gesagt: Ich wollte das auch nicht hören und verstehen. Es war viel einfacher, mir einzureden, es läge am Schwung, am Putten, daran, dass ich einfach einen schlechten Schlag im falschen Moment gemacht habe. So habe ich mich lieber nach der Runde noch drei Stunden auf die Range gestellt und überlegt, wie ich meinen Schaft in der höchsten Position einen Grad flacher bekomme. Das sah alles viel zu steil aus und deswegen habe ich den Ball einfach zu oft links weggeschlagen.

Mentaltraining hat mich begeistert – und verbessert

Du ahnst es: Mein Trainer meinte, ich müsse mental an mir arbeiten. Das habe ich so lange ignoriert, bis ich nach einigen Verletzungen im darauffolgenden Jahr überhaupt nicht mehr wusste, wie ich den Schläger halten soll. Meine Schläge und meine Ergebnisse waren so schlecht, dass ich erstmals über Mentaltraining nachgedacht habe. „Schlechter als jetzt kann es damit ja auch nicht laufen", dachte ich. Als ich die ersten Bücher gelesen und die ersten Hörbücher zum Mentaltraining gehört hatte, fand ich das Konzept und die dahinterstehenden Techniken einfach nur noch genial. Um es klar zu sagen: Man beraubt sich großer Chancen und Entwicklungsmöglichkeiten, wenn man sich nicht mit Mentaltraining beschäftigt. Vollkommen egal ob für den Golfsport, den Tennissport, Dein Familienleben, Deine Freundschaften oder Deine berufliche Laufbahn.

Es ist fast unumgänglich. Wenn ich weiterkommen will, muss ich anfangen, mich mit mentalem Training zu beschäftigen. Das Schöne am Golf ist, dass uns der Sport ja quasi dazu zwingt, uns damit zu beschäftigen. Ein Sport, bei dem es nur um mich und den Golfplatz geht, da muss ich mich vier Stunden lang mit mir selbst beschäftigen. Und das kann eine wirklich lange Zeit sein, wenn ich nicht mit mir im Reinen bin.

Mentaltechniken plus Erfahrungen aus dem Turniergolf

Das Mentaltraining hat mir eine neue Welt eröffnet. Und ich hatte für mich beschlossen, dass ich gern mein Wissen, dass ich mir inzwischen angeeignet habe, gepaart mit meiner praktischen Erfahrung aus über 15 Jahren Turniergolf, weitergeben will. Ich möchte dafür sorgen, dass andere nicht an sich selbst scheitern.

Wenn ich es geschafft habe, meine größte Schwäche zu meiner größten Stärke zu machen, dann kann das jeder andere auch. Mentaltraining ist kein Hexenwerk, es basiert auf uraltem Wissen und tausendfach erprobten Strategien und Techniken. Und natürlich dem Willen, es umsetzen zu wollen, um ein glücklicheres, erfüllteres und erfolgreicheres Leben zu führen. Auf dem Golfplatz und abseits des Platzes.

Alles, was Du benötigst, um Dein Handicap zu verbessern oder gar zu halbieren, findest Du in diesem Buch, genauer gesagt in den nächsten sieben Kapiteln. Ich empfehle Dir allerdings, wie im wahren Leben einen Schritt nach dem anderen zu machen. Jedes einzelne Kapitel ist aus einem bestimmten Grund weiter vorne oder weiter hinten im Buch zu finden. Die einzelnen Schritte bauen aufeinander auf. Es ist wichtig, das eine wirklich verstanden zu haben, bevor Du mit dem nächsten Kapitel anfängst. Wenn Du das Buch von vorne bis hinten, oder besser gesagt von vorne nach hinten, durchliest, wirst Du schnell feststellen, wie sich die einzelnen Puzzleteile zusammenfügen.

Ich wünsche Dir viel Spaß beim Lesen und noch mehr Spaß und Erfolg bei der Umsetzung.

Wettkampf-Golf spielt sich überwiegend zwischen den Ohren ab

– Bobby Jones –

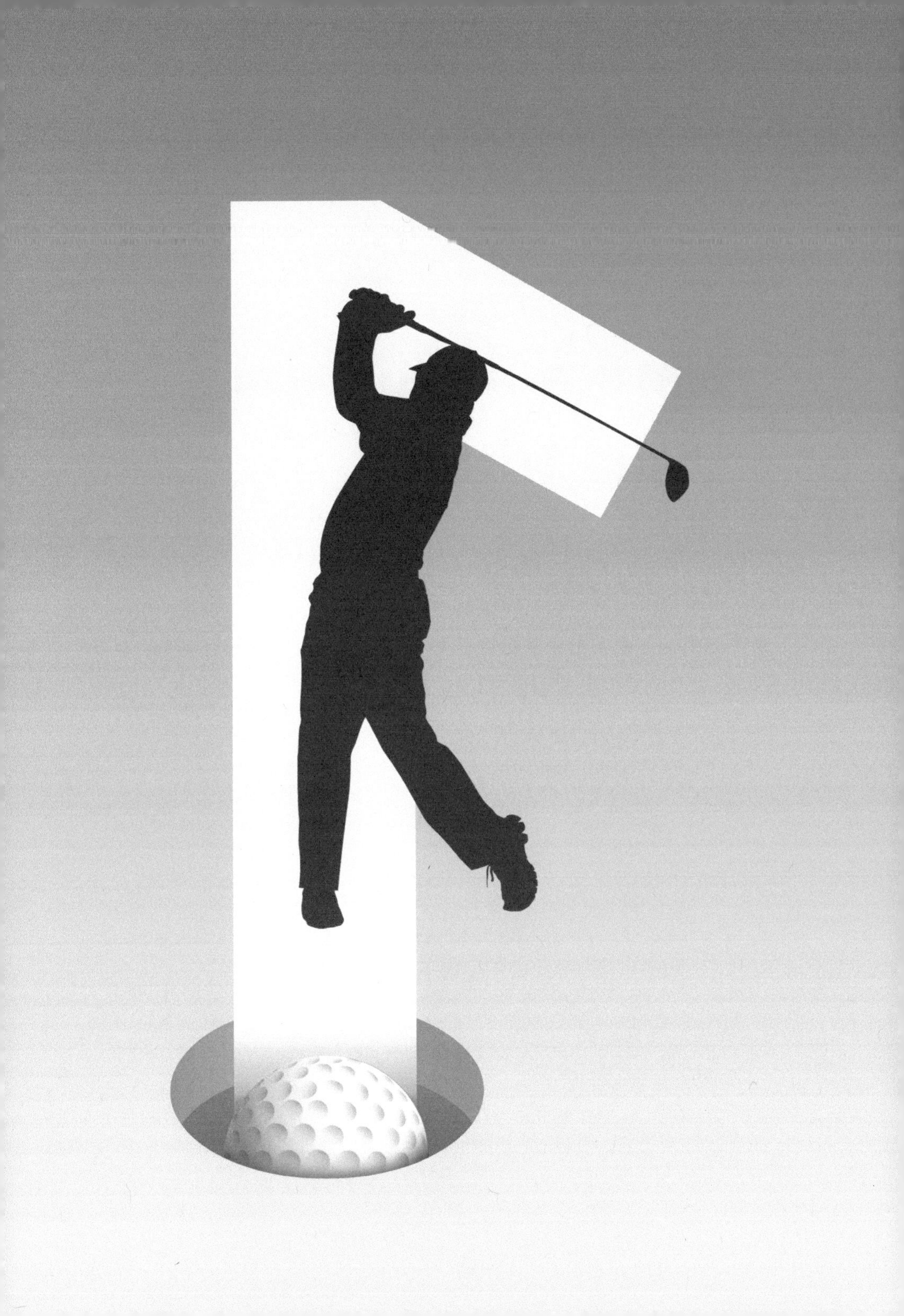

Warum Du auf der Stelle trittst

Erkennst Du Dich bei der einen oder anderen der folgenden Beschreibungen wieder?

- Am ersten Abschlag bin ich so nervös, dass ich am liebsten wieder umdrehen würde.
- Warum machen mir so oft die Meterputts so große Probleme?
- Im Training treffe ich neun- von zehnmal das Loch und im Turnier geht auf einmal weitaus mehr daneben.
- Ich habe schon eine solche Angst vor dem Meterputt, dass ich mir schon beim ersten längeren Putt Sorgen mache, den nicht zum Tap-in dranzulegen.
- Nach dem 14. Loch wird mir auf einmal bewusst, wie gut ich heute liege und was das für mein Handicap bedeutet, wenn ich so weiterspiele. Und dann verlässt mich plötzlich mein Spiel und ich habe keine Erklärung dafür.

Warum kommen wir ab einem gewissen Punkt bei unserem Spiel nicht mehr weiter? Warum bekomme ich meine Trainingsleistung nicht im Turnier umgesetzt?

Die Antworten liegen in Deinem Kopf, in Deinem Mindset.

Einzig und allein Dein Mindset, Deine Gedanken und hochkommenden althergebrachten inneren Glaubenssätze, lassen Dich den entscheidenden Meter-Putt verschieben. Wegen Deines Kopfs verlierst Du auf den letzten Löchern Dein Spiel, weil Du Dich nur noch mit dem Ergebnis beschäftigst und selbst unter Druck setzt, statt einfach so weiterzuspielen wie bisher und im Hier und Jetzt zu bleiben. Es sind Deine Gedanken, die Dich am ersten Abschlag mit zittrigen Beinen stehen lassen. Eine leise Stimme in Deinem Kopf erinnert Dich daran, dass Du ja schon einmal den Ball im Wasserhindernis versenkt hast, weswegen Du da jetzt genau drauf achten musst.

Du weißt gar nicht, wozu Du alles in der Lage bist!
Einen physischen Grund, warum Du Deine Trainingsleistung nicht in einem Turnier abrufen kannst, gibt es nicht. Es ist weder Dein Schwung noch Deine Putt-Technik, es ist die mentale Komponente, die Du in Deinem Training nicht genügend berücksichtigst. Wenn Du bei einem Handicap von 14 nicht daran glaubst, auch mit weniger als 80 Schlägen ins Clubhaus zu kommen, wirst Du es mit hoher Wahrscheinlichkeit auch nicht schaffen. Obwohl Du dazu eigentlich in der Lage bist.

Auf dem Golfplatz und im Leben kann Dein Kopf Dein größter Unterstützer oder auch Dein größter Gegner sein.
Qualität geht bekanntlich vor Quantität. Sicher, es schadet nicht, mehr und härter zu trainieren. Aber in meinen Augen ist es viel wichtiger, *wie* Du trainierst, statt *wie viel* Du trainierst!

- Wenn Dein Schwung ausreicht, ein Hcp. 8 zu spielen, und Du stehst aktuell bei Hcp. 14, dann wird es Dich kaum weiterbringen, auf der Driving Range weiter möglichst viele Bälle zu schlagen. Du musst anderswo ansetzen.
- Du kannst als Mann einen Drive 200 Meter weit schlagen und bist in der Lage, den Ball meistens geradeaus zu schlagen? Dann bist Du eigentlich in der Lage, fast jedes Par 4 mit zwei Schlägen zu erreichen, an jedem Par 5 bist Du mit drei Schlägen

auf dem Grün und ein Par 3 stellt auch keine Herausforderung dar. Du bist theoretisch in der Lage, einen Golfplatz unter Par zu spielen.

Mentaltraining: einfach und effizient besser werden

Halt Dich jetzt nicht an den konkreten Zahlen dieses Beispiels auf. Es geht mir an dieser Stelle nicht um diese, sondern um die vielen Zweifel in Deinem Kopf, die jetzt sagen: „Das stimmt doch gar nicht"! Glaube mir, dass wir alle viel besser spielen können, als wir es tun. Ich habe mir die Frage gestellt, wie ich möglichst nah an mein Optimum komme, ohne dafür noch mehr Zeit in mein Training stecken zu müssen. Der Schlüssel dafür ist mentales Training – und in den nächsten Kapiteln besprechen wir konkret, wie das aussieht und wie Du vorgehen kannst.

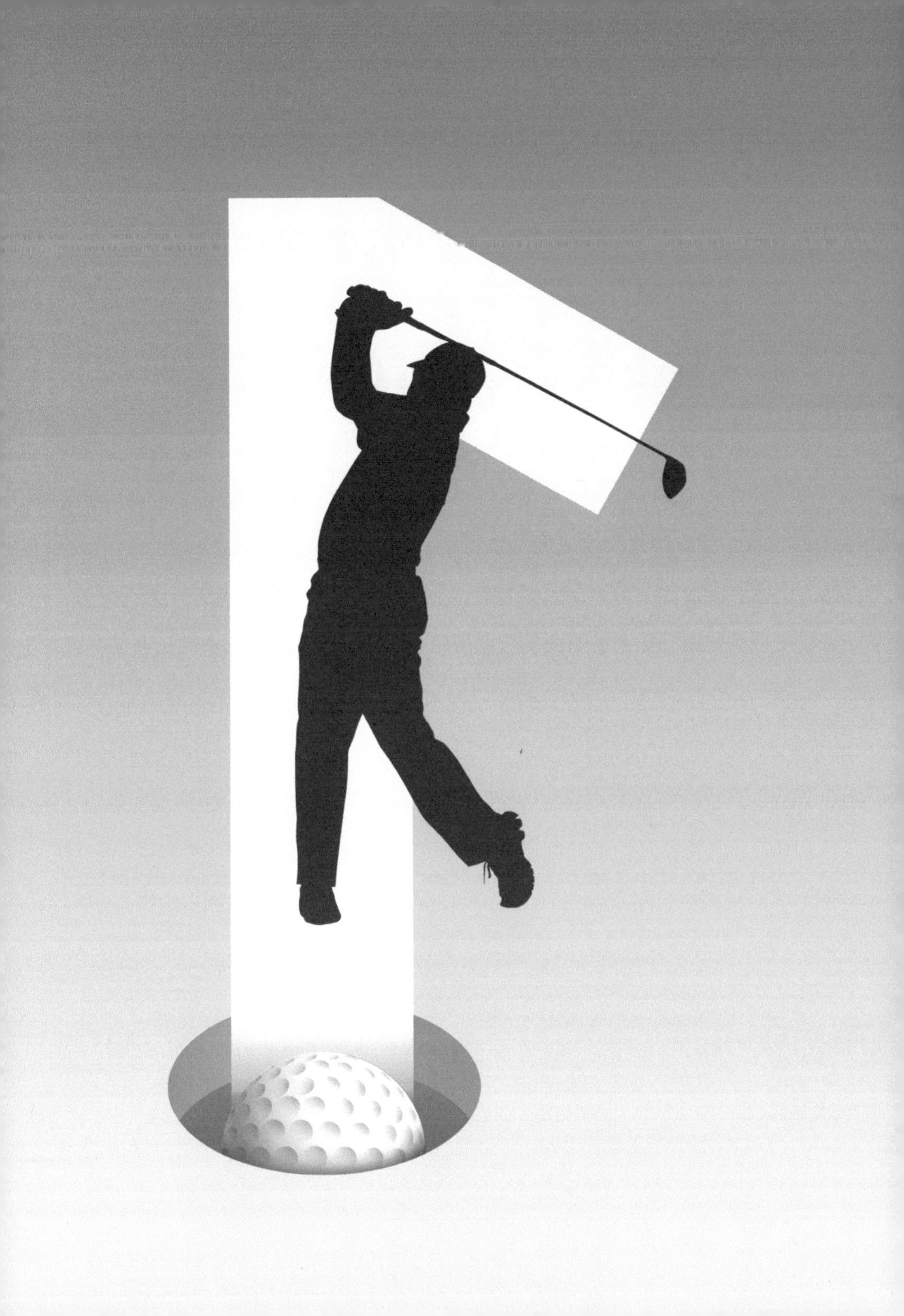

Sieben Schritte, um Dein Handicap zu ‚halbieren'

In den nächsten sieben Kapiteln erfährst Du, wie Du Dein Handicap in sieben Schritten verbessern oder sogar halbieren kannst. Nach über 20 Jahren Golferfahrung und über 15 Jahren 1.- und 2.-Bundesligaerfahrung, gepaart mit meinem Wissen als Diplom-Mentaltrainer, habe ich das Goal-in-One-Konzept entwickelt, welches Dir Schritt für Schritt erklärt, was notwendig ist, um besseres und konstanteres Golf zu spielen.
Ich lade Dich als Leserin oder Leser dieses Buches auch exklusiv ein, an meinem kostenlosen Webinar "GOAL 1N ONE" teilzunehmen, das ich für Dich entwickelt habe, damit Du die Erkenntnisse dieses Buches direkt besser umsetzen und Du mich im persönlichen Kontakt fragen kannst, was Dir in Sachen Golf auf dem Herzen liegt. Du kannst Dich für das Webinar jederzeit über die Website *www.yannickrosenberger.de/webinar* anmelden – dieses Webinar ist und bleibt kostenfrei für Dich als Leserin oder Leser meines Buches. Und freue mich darauf, Dich dort kennenzulernen.

Jetzt aber gehen wir gemeinsam den ersten Schritt!

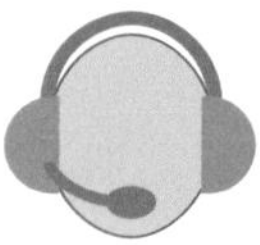

Nutze das KOSTENLOSE WEBINAR „GOAL 1N ONE" – damit kannst Du Deine Erkenntnisse aus diesem Buch direkt besser umsetzen: www.yannickrosenberger/webinar

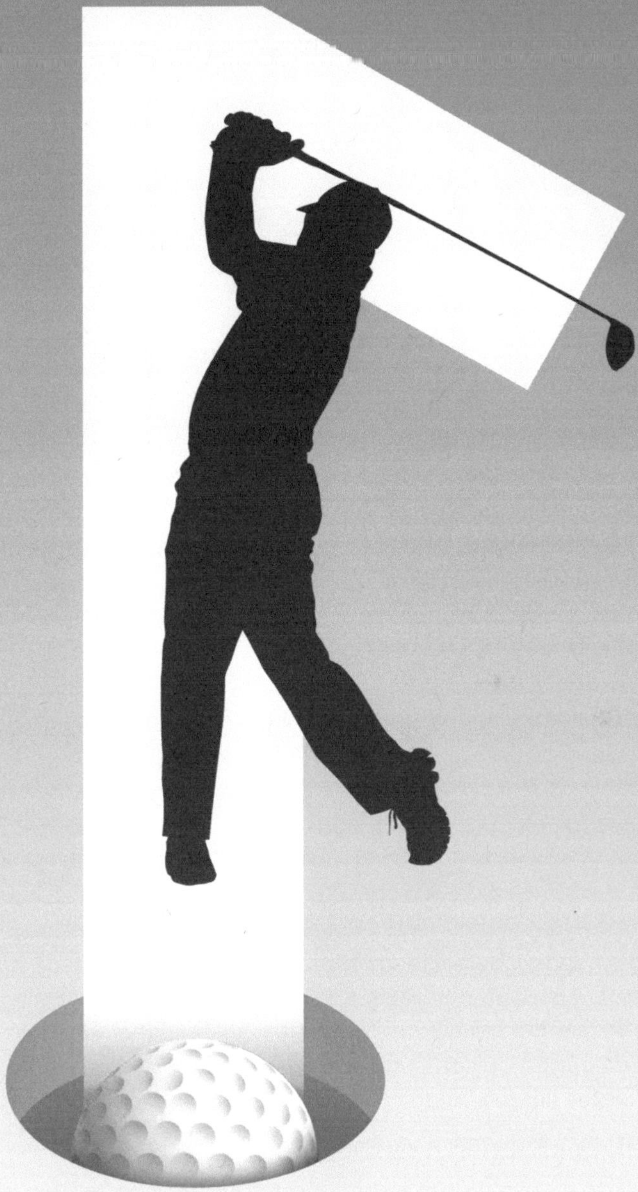

1. Ziele setzen und erreichen

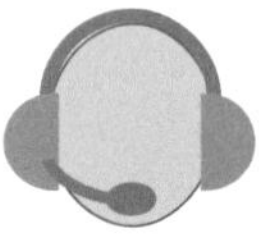

Nutze das KOSTENLOSE WEBINAR „GOAL 1N ONE“ – damit kannst Du Deine Erkenntnisse aus diesem Buch direkt besser umsetzen: www.yannickrosenberger/webinar

Neulich traf ich Alex wieder.

Ich weiß noch, wie ich Alex kennenlernte. Wir trafen uns auf der Range an einem perfekten Golftag. Wir stehen uns gegenüber und ich frage ihn, wie es denn aktuell so bei ihm läuft. Er erzählt mir, er arbeitet gerade an seinen Schwung, um sein Handicap zu verbessern und um den Ball noch länger zu schlagen. Ich schaue ihn etwas abwartend an und frage ihn, warum er denn sein Handicap verbessern möchte und warum er denn den Ball weiter schlagen möchte. Darauf hat Alex erst einmal keine Antwort. Ich bin neugierig, also hake ich nochmals nach. Die Antwort, auf die ich hinaus möchte, bleibt aus. Die Allerwenigsten trainieren einfach des Trainings willens, sie haben ein Ziel, das sie erreichen möchten, deshalb trainieren sie. Alex unterbricht mich und sagt: Ich habe doch ein Ziel. Ich möchte mein Handicap verbessern und länger werden. Ich antworte ihm: Alex, das ist kein Ziel, das ist Wischiwaschi. „Verbessern“ und „länger“ kann ich nicht greifen. Ein Ziel benötigt mehr Kraft und Klarheit. Alex wird neugierig und fragt mich, wie ich das meine? Was denn in meinen Augen ein Ziel ist? Ich schlage ihm vor, dass wir uns nach dem Training gerne darüber austauschen können.

Nach einer kurzen Trainingseinheit bei Kaiserwetter treffen wir uns wieder. Ich stelle nach kurzer Zeit fest, dass Alex nicht wirklich weiß, warum er besser werden möchte und warum er den Ball länger schlagen möchte. Ich hake nach und frage nach seinem persönlichen WARUM. Warum möchtest Du länger werden, warum möchtest Du Dein Handicap verbessern? Es dauert einen Moment, aber am Ende hat er diese Fragen für sich beantwortet. Jetzt müssen wir noch über Deine größten Ziele sprechen, sage ich zu ihm. Wir arbeiten alle seine größten Ziele heraus und erstellen für genau diese Ziele einen Handlungsplan, eine Schritt-für-Schritt-Anleitung.

Nach nur einer Trainingseinheit hat Alex sein persönliches Warum herausgefunden, also sein Motiv. Er kennt seine größten Ziele und kann diese genau definieren und hat sozusagen eine Bedienungsanleitung an der Hand, wie er seine Ziele nach und nach erreichen wird.

1.1 Mein Warum – Dein Warum

Während meiner Ausbildung zum Diplom-Mentaltrainer stand ganz am Anfang die Frage nach dem Warum: nach Sinn, Ziel und Zweck – und letztlich der Motivation, die mich innerlich treibt. Und mit dieser Frage hatte mich mein damaliger Coach gepackt.

Über das Warum gibt es inzwischen viele Bücher. Ich gehöre selbst zur Generation Y, die bekannt dafür ist, immer wieder die Frage nach dem Warum zu stellen.
Für mich ist diese Frage unumgänglich, vor allem wenn es darum geht, Ziele zu setzen. Ich habe viele Bücher zum Thema „Zielsetzung" gelesen, darin hat mir aber oft eine Sache gefehlt: nämlich die Aufforderung, nach der Ursache zu suchen: *Warum* will ich überhaupt dies oder jenes erreichen? *Was* ist meine Motivation dafür?

Was ist Dein Motiv, Deine innere Motivation?
Ich weiß, es hört sich für Dich vielleicht seltsam an, wenn Dir jemand, der gerade eben noch von intensiven Trainings gesprochen hat, gesteht, dass er eigentlich ein fauler Mensch ist. Aber ich muss zuge-

Wenn Dein Warum stark genug ist, wird keine Herausforderung zu groß.

ben: Von Natur aus bin ich eher ein fauler Mensch. Stehe ich vor der Wahl, die Treppe oder den Aufzug zu nehmen, entscheide ich mich auch gerne einmal für den Aufzug. Ich muss schon einen guten Grund (ein Warum) dafür haben, wenn ich eine Treppe hinaufsprinten soll. Bei fast allem, was ich tue, frage ich mich zuerst nach meinem Warum. Was für ein Motiv habe ich dafür, etwas zu tun? Ob das in allen Lebensbereichen immer hilfreich ist, sei mal dahingestellt, aber von einer Sache bin ich zu 100 Prozent überzeugt: Nur wenn Dein Warum für ein Ziel stark genug ist, stehst Du auch einmal eine Talfahrt durch. Wenn Du Dir selbst beantworten kannst, warum und wofür Du eigentlich befördert werden möchtest, mehr Geld verdienen, Dein Unternehmen vergrößern oder endlich besseres Golf spielen willst, ist keine Herausforderung für Dich zu groß.

Gäbe es nur eine Sache, die ich aus meiner sportlichen Laufbahn mitgenommen habe, dann die, dass vor jedem Fortschritt erst einmal ein Rückschritt kommt. Obwohl ich ohne Ende trainiert habe, wurden meine Ergebnisse immer schlechter. Du kannst Dir vorstellen, in dieser Situation hat es nicht immer Spaß gemacht, sich am nächsten Tag wieder auf die Range zu stellen. Möglicherweise klingt das für Dich jetzt etwas esoterisch: Aber ich bin davon überzeugt, dass das ein Test des Lebens ist. Wir werden geprüft, ob unser Warum stark genug ist, ob wir wieder aufstehen oder liegen bleiben, ob wir uns von einem Rückschritt oder einer Stagnation aufhalten lassen oder einfach weitermachen.

Ich möchte Dich einladen, Dir diese Fragen zu beantworten.
Warum hast Du dieses Buch gekauft? Warum willst Du besser Golf spielen? Willst Du besser spielen als Deine Kumpels? Bist Du einfach ein wahnsinnig ehrgeiziger Mensch bei allem, was Du anpackst? Geht es vielleicht gar nicht um das konstantere, bessere Spiel, sondern um diese eine Runde, diese eine geniale Golfrunde, von der wir nachts träumen, diese eine Runde, bei der einfach alles funktioniert und nichts schiefgeht? Vielleicht geht es Dir aber gar nicht darum, zwangsläufig besser zu spielen, sondern mehr Spaß und Gelassen-

heit beim Spiel zu verspüren? Mit Leichtigkeit über den Platz zu laufen und das Spiel einfach zu genießen. Das ist eine sehr wichtige Frage, die ich selbst nicht sofort beantworten konnte. Also lass Dir gerne Zeit dafür. Ich habe für mich herausgefunden, dass ich einfach den Wettkampf liebe, den Wettkampf gegen mich selbst, aber auch gegen meine Mitspieler. Ich habe allerdings auch für mich herausgefunden, dass es für mich darum geht, den Spaß am Spiel wiederzufinden, unabhängig vom Ergebnis.

Beim Golf hast Du nur zwei Gegner: den Platz und Dich

In diesem Buch werden Dir immer wieder Abschnitte begegnen, in denen ich mich ganz bewusst vom „Arbeitsfeld" Golfplatz wegbewege. Vielleicht fragst Du Dich, warum ich das tue? Nun, ich bin davon überzeugt, dass wir mit Golf einen Sport betreiben, der sehr viel über uns und unseren Charakter aussagt. Beim Golfen beschäftigst Du Dich vier bis fünf Stunden mit Dir selbst. Die ganze Zeit bist Du damit beschäftigt, Dich selbst zu schlagen oder Dich von Dir selbst besiegen zu lassen. Auf dem Golfplatz hast Du nur zwei Gegner: den Platz und Dich selbst. Am Platz kannst Du nichts verändern, der ist jeden Tag so, wie er an diesem Tag eben ist. Aber an Dir kannst Du arbeiten!

Sport – ein Spiegel des Charakters

Kürzlich habe ich einen Workshop besucht, der sich mit dem Thema Verkauf beschäftigt hat. Ein Beispiel aus dem Vortrag fand ich besonders einleuchtend. Der Workshopleiter fragte in die Runde, wo unserer Meinung nach in Deutschland die größten Geschäfte verhandelt werden. Spontan kam aus dem Publikum die Antwort: „Auf dem Golfplatz". Die nächste Frage lautet, wo unserer Meinung nach in Russland die größten Geschäfte gemacht werden: „In der Sauna."
Ob das tatsächlich durch irgendeine Statistik belegt ist, weiß ich nicht. Aber ich fand die Begründung sehr einleuchtend: „An diesen beiden Orten ist man intim, man ist entspannt und lässt seine Maske

fallen. In der heutigen Zeit ist für Kunden der Verkäufer wichtiger als das Produkt. Die Beziehungsebene steht über allem."
Wenn an dieser Geschichte etwas dran ist, dann muss das Golfspiel viel über uns als Mensch aussagen, denn wir werden beim Golfen ein Stück weit auf uns zurückgeworfen. Und geben uns – schon emotional – nach kurzer Zeit auf dem Platz offen – ja, manche zeigen sich in Wutanfall oder Siegerpose nahezu schamlos selbst ... Und ich bin fest davon überzeugt, dass es im Golf viele Parallelen zu unserem Berufs- und Privatleben gibt.

1.2 Deine Vision – was willst Du wirklich erreichen?

Ziele sind stets Mittel, um (m)ein persönliches Warum zu erreichen. Aber „Ziel" klingt für mich nicht groß und umfassend genug. Mit Zielen will ich meine Visionen wahr werden lassen; die Erreichung verschiedener gesteckter Ziele zahlt also eigentlich auf die Vision ein, die ich mir gemacht habe. Eine Vision beschreibt für mich etwas, das ich in meinen Leben erreichen oder erleben will – allerdings ohne eine zeitliche Begrenzung zu formulieren. Ich kann die Vision haben, den Mount Everest zu besteigen, obwohl ich mich noch nicht einmal auf die ersten Meter vorbereitet habe.

Visionäre sind Menschen mit einem starken Warum. Visionäre sind für mich Menschen, deren Warum so stark ist, dass sie etwas sehen, was außer ihnen noch niemand sieht. Beispiele für visionäre Persönlichkeiten sind für mich (und vielleicht auch für Dich) Steve Jobs, Jeff Bezos, Bertha von Suttner, Jane Goodall, Marie Curie, Oprah Winfrey oder Thomas Alva Edison.

Das Warum von Edison war die Angst vor der Dunkelheit. Bertha von Suttner hat – ausgezeichnet als erste Friedensnobelpreisträgerin – ihr Leben dem Pazifismus gewidmet. Jane Goodalls Warum liegt darin, die faszinierenden Primaten unseres Planeten zu erforschen und zu schützen und der Menschheit zu erhalten. Die Physikerin und

Chemikerin sowie doppelte Nobelpreisträgerin Marie Curie verfolgte ihre wissenschaftliche Vision. Jeff Bezos wird davon angetrieben, das kundenzentrierteste Unternehmen zu führen. Steve Jobs wollte, dass Technik „cool" und von jedem benutzbar sein sollte. Und er hat diese Vision sehr beeindruckend in die Realität umgesetzt. Vor einem Media Markt hat wohl noch niemand zwei Tage lang kampiert, um das neueste Modell einer Waschmaschine zu kaufen. Bei einem iPhone sieht das anders aus.

Warum erzähle ich das? Ich bin überzeugt davon, dass jeder ein Warum besitzt, einen Traum hat, aus welchem Lebensbereich auch immer. Wenn es Dir nur um den Klassenerhalt geht, brauchst Du nicht weiterzulesen. Mir geht es um die Meisterschaft!

Visionboard – eine starke Motivation

Wir Menschen denken in Bildern, immer und überall. Egal, an was Du denkst, Dein Kopf liefert Dir immer sofort das passende Bild. Und diese Kraft lässt sich nutzen.

Zu Hause habe ich beispielsweise ein Visionboard. Darauf habe ich Fotos geklebt von den Dingen, die ich erreichen, erleben oder besitzen möchte. Das Visionboard zeigt also mein Leben, wie ich es mir vorstelle. Ich weiß, dass die richtigen Bilder in meinem Kopf meine Leistung maximieren und mich meinen Zielen näherbringen. Und das gilt für Dich genauso. Deinem Unterbewusstsein ist es egal, ob Du tatsächlich etwas siehst oder Du es Dir nur vorstellst.

Ein Visionboard – Dein Visionboard – zeigt Dein Warum. Es ist ein Anker, eine Art Rückzugsort, wenn es mal nicht so läuft. Es erinnert Dich daran, warum und wofür Du die Dinge tust, die Dir gerade etwas schwerfallen.

Dein Visionboard ist Dein Motivator. Welche psychologischen Wirkungen die Macht der Bilder haben, werden wir im nächsten Kapitel noch ausführlicher sehen.

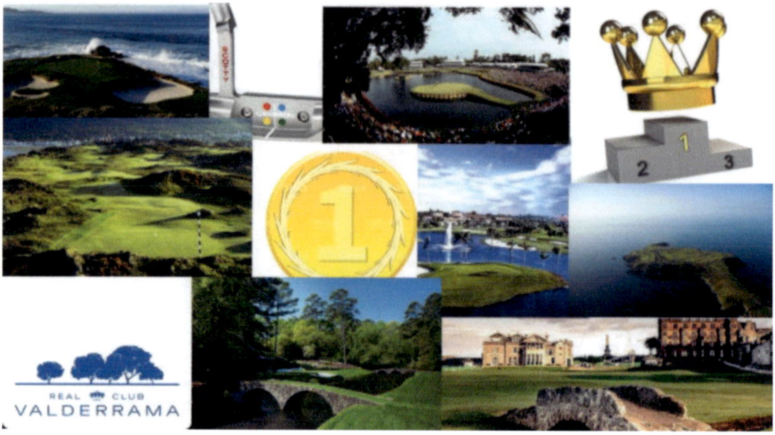

Abb. 1: Beispiel für ein Visionboard
Quelle: eigene Darstellung

Auf dem Bild siehst Du ein Beispiel für ein Visionboard. Dabei muss es gar nicht immer nur um Erfolge gehen. Die Bilder stehen mit Erlebnissen in Verbindung. Zu meinen Träumen gehört, auf einigen der schönsten Golfplätze der Welt gespielt zu haben. Und auf einigen durfte ich auch bereits spielen, wie dem TPC Sawgrass, auf dem jedes Jahr die Players Championship ausgetragen wird, oder The Blue Monster, der wohl zu den weltweit bekanntesten Plätzen gehört. Und auch die anderen Golfplätze werde ich noch bespielen, da bin ich mir sicher. Diese Anlagen sind so traumhaft schön, da bekomme ich schon beim Zuschauen im Fernsehen eine Gänsehaut.

Auf dem Bild siehst Du auch einen Putter. Und der hat eine besondere Geschichte: Schon als kleines Kind wollte ich einen Scotty-Cameron-Putter haben. Wie Du weißt, ist der nicht ganz günstig, und mit meinem damaligen Taschengeld war er für mich schlicht unerschwinglich. Mit 13 schloss ich dann mit meinen Eltern eine Wette ab. Wenn ich es schaffe, im selben Jahr ein einstelliges Handicap zu erreichen, bekomme ich einen Scotty-Cameron-Putter. Am 16. August 2006 hatten meine Eltern die Wette verloren und mussten etwas tiefer in die

Tasche greifen. In einem Jahr konnte ich mein Handicap von 13,8 auf 7,6 verbessern. Klar habe ich mich gefreut wie ein Schneekönig, dass ich endlich meinen Traumputter bekomme.

Erreichte Ziele können auch Lehren sein

Du siehst: Mit dem richtigen Warum lässt sich viel erreichen. Mein Warum war: Ich wollte unbedingt diesen Putter haben. Die Geschichte hat aber auch einen Wermutstropfen.
Zu der Zeit sagte mein Trainer immer zu mir, dass ich mal ein richtig guter Golfer werde, weil ich sehr gut putte. Das hat sich mit dem neuen Putter leider schlagartig geändert. Das Putten wurde zu einer regelrechten Katastrophe. Wenn Du erst mal ein paar Runden richtig schlecht geputtet hast, meldet sich plötzlich Dein Kopf. Du denkst darüber nach, ob der Griff passt, ob Du den Schläger auch richtig zurücknimmst. Und je mehr Du nachdenkst, umso schlechter wird es. Nach einem Jahr Frust habe ich wieder den alten Putter mitgenommen, mit dem ich vorher fast alles gelocht habe. Es gab also kein Happyend für den Scotty-Cameron-Putter und mich. Aber ich verbinde viele Emotionen mit ihm, deswegen habe ich ihn auch noch.

Verbildliche Deine Ziele und schaue diese Bilder jeden Tag an.

Tiger Woods sagte im Alter von fünf Jahren, dass er mit 20 Jack Nicklaus und Tom Watson schlagen will. Das nenne ich eine Vision: Sich mit fünf Jahren vorzunehmen, die Nummer 1 der Welt zu schlagen. Arnold Schwarzenegger sagte zu Beginn seiner Karriere, dass er Mr Universe wird. Genauso funktioniert es. Mit dem Mut zu großen Bildern. Hätte er gesagt, er will zehn Kilo an Muskelmasse zulegen, wäre ihm das bestimmt gelungen. Aber ich glaube nicht, dass er auch Mr Universe geworden wäre. Erst ein großes Bild fordert Dich, immer dranzubleiben, damit Du jeden Tag Deiner Vision ein Stück näherkommst.

Deine Vision braucht große Bilder

Ich wünsche Dir bei der Suche nach Deiner Vision den Mut zu großen Bildern. Deine Vision, Dein Warum muss so groß sein, dass es Dich jeden Tag neu motiviert.

Deine Vision ist, ein Handicap 18, 9, 4, 0 oder +3 zu haben? Dann sag Deiner inneren Stimme, die jetzt ganz leise daran zweifelt, dass Du das eh nicht schaffst, weil das gar nicht Dein Leistungsniveau ist, dass sie jetzt Sendepause hat. Mit den Zweifeln werden wir uns später noch beschäftigen.

Was kannst Du Dir vorstellen? Was siehst Du für Dich am Horizont? Trau Dich, es zu formulieren, und stell es Dir vor, egal, wie unrealistisch es jetzt auch scheint. Denkst Du, irgendjemand fand es realistisch, dass der kleine Tiger Woods den großen Jack Nicklaus schlagen könnte?

Was lässt Deine Vorstellungskraft zu? Was auch immer es ist, schreib es auf! Das ist wichtig, denn sonst hat Dir die Stimme in Deinem Kopf diese Vision in spätestens drei Tagen ausgeredet.
Schreib es also jetzt auf, bevor Du weiterliest – wenn Du willst, einfach hier ins Buch. Unten in diesem Kapitel findest Du eine Übung und Platz dafür.

Damit bist Du Deiner Vision gerade den ersten Schritt nähergekommen.

Einfach beginnen, statt perfekt zu zögern
Ich gebe es zu, ich mag Sprüche und Zitate. Deswegen wirst Du in diesem Buch auch einige davon finden. Oft stecken ja gerade in ganz einfachen Sätzen Wahrheiten, die zum Nachdenken anregen.

„Auch der weiteste Weg beginnt mit dem ersten Schritt."
Logisch, oder? Wenn ich den Mount Everest besteigen will, sehe ich von unten wahrscheinlich noch nicht einmal die Bergspitze. Und wenn ich sie denn sähe, würde ich vielleicht darüber nachdenken, ob ich überhaupt loslaufen soll. Manchmal ist es einfach besser, weniger Nachzudenken und stattdessen einfach etwas zu machen.
Wenn ich wirklich auf den Gipfel will, setze ich einfach einen Schritt vor den anderen. Ich denke nicht an die 100.000 Schritte, die ich

machen muss, bis ich oben angekommen bin. Ein Schritt nach dem anderen. Nur so kommst Du Deiner Vision und Deinen Zielen näher.

1.3 Die SMART-Formel

Viele Menschen setzen sich in ihrem Leben keine Ziele. Manche vielleicht, weil sie Angst vor dem Scheitern haben, manche möglicherweise, weil sie rundherum zufrieden sind, und wieder andere wissen gar nicht, wie das geht.

Ziele = einen Vertrag mit sich selbst eingehen
Ich bin davon überzeugt, dass Du Dir Ziele setzen musst, wenn Du im Leben etwas erreichen willst. Ich habe auch einen Beweis für diese These.

1979 hat die Harvard University eine Untersuchung begonnen, die über den Zeitraum von zehn Jahren den Werdegang von Absolventen verfolgte.

83 Prozent aller Absolventen hatten sich keine konkreten Ziele für ihre Karriere gesetzt. 14 Prozent setzten sich zwar Ziele, haben diese aber nicht aufgeschrieben. Nach zehn Jahren verdiente diese Gruppe durchschnittlich das Dreifache gegenüber der ersten Gruppe, die ziellos in das Berufsleben startete. Das Faszinierende: Die übrigen drei Prozent hatten sich nicht nur klare Ziele für die Karriere gesteckt, sondern diese auch aufgeschrieben. Und sie gehörten zu den Gewinnern, denn nach zehn Jahren verdienten sie zehnmal so viel wie die erste Gruppe.

Erfolgreiche Menschen schreiben ihre Ziele immer auf.

Aus der Studie habe ich mehrere Dinge für mich mitgenommen. Wenn ich klare Ziele definiere und diese aufschreibe,

1. gehöre ich zu einer kleinen Gruppe, die überhaupt ein Ziel formuliert hat,

2. zähle ich sehr wahrscheinlich bald zu den erfolgreichsten drei Prozent,
3. gehe ich einen Vertrag mit mir selbst ein.

Die wichtigste Erkenntnis aus dieser Studie ist aber für mich, dass sie sich auf jeden Lebensbereich übertragen lässt. Wenn ich mit mir einen Vertrag abschließe, dass ich nächstes Jahr im Juli den Mount Everest besteigen will, dann werde ich auch alles dafür tun. Eine noch stärkere Wirkung auf mich hat es, wenn ich mein Ziel mit anderen Menschen teile und ihnen davon erzähle.
Einen Vertrag muss man einhalten, das lernen wir schon in der Schule. Ein Vertrag mit uns selbst ist eine Verpflichtung, die wir einhalten wollen. Und wenn wir anderen davon erzählen, steigt der Druck auf uns, das auch wirklich zu tun. Schließlich will keiner von uns andere enttäuschen.

Du hast drei Wünsche frei!
Du hast Dir dieses Buch gekauft, weil Du mit Deinem Golfspiel ein höheres Niveau erreichen willst. Wenn ich Dir jetzt sage, Du hättest für Dein Golfspiel drei Wünsche frei, die garantiert in Erfüllung gehen: Welche wären das?

Lass Dir ruhig Zeit, leg das Buch ruhig weg und denke nur an diese drei Wünsche. Stelle Dir vor, wie es wäre, wenn sie in Erfüllung gehen. Denn das werden sie ja, garantiert. Schreib Dir die drei Wünsche ruhig auf:

1. ____________________

2. ____________________

3. ____________________

Jetzt hast Du Dir ernsthafte Gedanken gemacht und drei Wünsche aufgeschrieben. Darauf darfst Du ruhig ein bisschen stolz sein, denn damit bist Du schon weiter als 83 Prozent aller anderen Menschen. Nachdem Du drei Wünsche formuliert hast, geht es im nächsten Schritt darum, diese in klare Ziele zu verwandeln. Dabei kommt es darauf an, eine klare und starke Formulierung zu finden. Dank der Kraft des geschriebenen Wortes und einer formulierten Verpflichtung wirst Du Teil der drei Prozent, die alle anderen überholt haben.

Smarte Ziele stecken

Wenn Du Deine Ziele tatsächlich erreichen willst, solltest Du sie ab jetzt immer (!) nach den gleichen fünf Prinzipien der SMART-Formel aufschreiben. Vielleicht kennst Du diese Formel bereits: Ein Ziel muss immer spezifisch, messbar, attraktiv, realistisch und terminiert sein. Kurz: SMART!

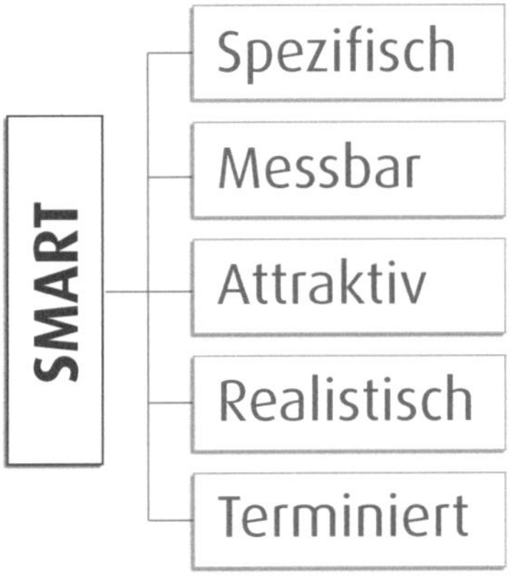

Abb. 2: Smarte Ziele
Quelle: eigene Darstellung

„Ich möchte besser Golf spielen" ist demnach keine gute Zielformulierung. Es fehlt schon an einem Datum, bis wann Du es geschafft haben willst. Und wie soll „besser" denn überhaupt gemessen werden?

Als Ideen für smarte Zielformulierungen gebe ich Dir ein paar Beispiele meiner eigenen Ziele.

 40

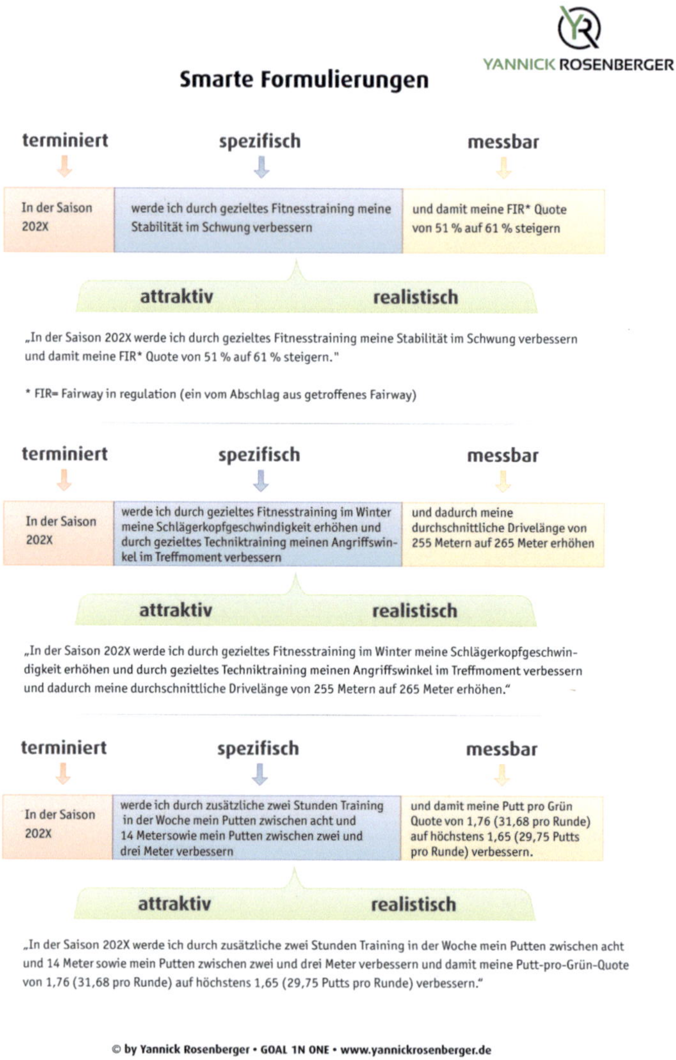

Diese Grafik kannst Du groß und für Deine persönlichen Zwecke herunterladen unter: www.yannickrosenberger.de/downloads

Abb. 3: Smarte Formulierungen
Quelle: eigene Darstellung

Ein Ziel sollte Dich bewusst und unbewusst antreiben. Wenn es „smart" ist, wirst Du stets den Drang haben, dafür etwas zu tun. Wie groß die einzelnen Schritte sind, spielt erst mal keine Rolle. Es bereitet Dir schon Freude, wenn Du weißt, dass Du etwas dafür getan hast und dem Ziel wieder etwas nähergekommen bist.

Ziele: Der Weg schiebt sich beim Gehen unter die Füße ...

Und wie im Auto brauchst Du eine exakte Zieladresse, um das Ziel zu erreichen. Die Elektronik im Navigationssystem kümmert sich darum, die exakte Route zu berechnen. Damit weißt Du, welchen Straßen Du folgen musst, und kennst die Zeit Deiner Ankunft. Das Navigationssystem liefert Dir also einen exakten Plan. Und den benötigst Du auch, um Deine persönlichen Ziele zu erreichen. Du benötigst einen klaren Plan.

Mit der „Smart"-Formel hast Du eine Vorlage, wie das Ziel am besten formuliert wird, um daraus einen Plan zu machen.

1. Das Ziel muss spezifisch sein. Im Navi kannst Du auch nicht einfach „Österreich" eingeben, sonst kommst Du irgendwo in Österreich an. Du brauchst eine exakte Adresse.
2. Das Ziel muss messbar sein, sonst weiß Du nicht, wann Du es erreicht hast.
3. Das Ziel muss attraktiv sein. Gerade wenn es regnet, fällt das Spielen schwer. Das Ziel muss mich dennoch motivieren, auch dann noch weiterzumachen.
4. Es muss trotzdem realistisch sein. Das bedeutet jetzt nicht, dass Du die berühmten „kleinen Brötchen backen" musst. Aber wenn Du erst vor einem Monat mit dem Golf angefangen hast, wäre es vermessen, nach einem Jahr ein Hcp. 0 zu erwarten. Ich glaube, Du solltest ruhig nach den Sternen greifen und nichts ist unmöglich. Wenn Du also so ehrgeizig bist, als Anfänger ein Hcp. 0 zu erreichen, rede ich Dir das bestimmt nicht aus. Aber dann solltest Du Dir auch Zeit geben, um dieses Ziel zu erreichen. Darum geht es im letzten Teil der Formel.

Dein inneres Navigationssystem benötigt klare Vorgaben.

5. Dein Ziel braucht einen Termin. An dieser Stelle unterscheide ich mich etwas von anderen Trainern. Für mich dient der Termin als Orientierung, ist aber keine absolute Größe. Wenn Deine Zielformulierung sagt, dass Du in zehn Jahren von Hcp. 54 auf Hcp. 5 kommen willst, dann hast Du in meinen Augen das Ziel nicht verfehlt, wenn Du es „erst" in elf Jahren erreichst. Denn dann hast Du immer noch eine unglaubliche Leistung erreicht. Bleibe realistisch, aber auch großzügig mit Dir.

1.4 Ergebnis- *versus* Handlungsziele

Sobald der neue Turnierkalender herauskam, habe ich mir in meiner Zeit als Jugendspieler jedes Jahr die Turniere herausgesucht, die ich spielen wollte. Im Laufe der Zeit habe ich ihnen unterschiedliche Prioritäten eingeräumt. Klar, ein internationales Turnier ist wichtiger als ein Monatspreis auf dem Heimatplatz.
Es gab aber Turniere, in denen ich eine größere Bedeutung gesehen habe, obwohl die Außendarstellung eher gering war. Clubmeisterschaften waren für mich immer ein absolutes Highlight. Hier konnte ich mich mit den Jungs messen, mit denen ich das ganze Jahr zusammen trainierte, mit denen ich mehr Zeit verbrachte als mit irgendeinem anderen Menschen.

Mein Ziel war es immer, Jugendclubmeister zu werden und später natürlich auch Herrenclubmeister. Bei größeren Turnieren war ich bei meinen eigenen Zielen etwas zurückhaltender. Mal wollte ich den Cut schaffen oder eine Position unter den Top 10 oder Top 25 erreichen. Ich habe mir keine Ziele gesetzt, wie ich es heute tue. Sie waren weder aufgeschrieben noch smart formuliert.
Das war sicherlich besser, als sich gar nichts vorzunehmen. Allerdings habe ich einen Fehler gemacht. Ich habe mir keine Handlungsziele gesetzt, sondern ausschließlich Ergebnisziele.

Ergebnisziele

Ein Ergebnisziel ist für mich nach wie vor sehr wichtig. Wenn ich bei einem Turnier mitspiele, will ich auch gewinnen. Für mein Leben sind Ergebnisziele wie der Sieg, eine Platzierung, ein Score oder eine Qualifikation sehr wichtig. Ich glaube eben daran, dass man nur mit einem messbaren Ziel in Sport und Beruf weiterkommt.

Reine Ergebnisziele haben allerdings den Nachteil, dass ihre Erreichung nie zu 100 Prozent von einem selbst abhängt. Die Clubmeisterschaft ist ein erstrebenswertes Ziel und auch ein starkes Warum. Aber wenn Du „nur" Zweiter wirst, hast Du Dein Ziel verfehlt. Selbst wenn Du drei traumhafte Runden in Folge gespielt hast und zehn Schläge Vorsprung auf den Dritten hattest. Du hast Dein Ziel trotzdem verfehlt, denn schließlich wolltest Du ja gewinnen.
Bei einem Golfturnier hast Du eben nicht alles in der Hand. Wenn Du das als Spieler möglichst früh akzeptierst, verschaffst Du Dir damit einen echten Wettbewerbsvorteil. Du hast weder einen Einfluss darauf, wie die anderen spielen, und auch nicht mehr auf den Ball, nachdem er die Schlagfläche verlassen hat. Er kann auf einen Sprinklerdeckel treffen und ins Aus gehen. Der Ball landet auch mal einen Zentimeter hinter dem Bunker und läuft an die Fahne oder trifft knapp die Bunkerkante.
Im Golf kann es frustrierend sein, sich nur Ergebnisziele zu setzen. Dein Selbstvertrauen, der Motor Deines Spiels, steht so in Abhängigkeit Deiner Ergebnisse.

Handlungsziele

Da kommen die Handlungsziele ins Spiel. Sie sind zur Erreichung eines Ziels unbedingt nötig. Denn Du brauchst einen detaillierten Plan, welche Handlungen Du vollziehen musst, um Dein Ergebnis zu erreichen. Es genügt ja nicht, zu beschließen, 2021 Weltmeister zu werden. Ich muss auch wissen, wie ich dorthin kommen will.
Handlungsziele haben den großen Vorteil, dass sie vollständig in meiner Macht liegen. Auf dem Golfplatz ist für mich das wichtigste Handlungsziel, dass ich spätesten 50 Meter nach meinem letzten

Schlag nur noch über den nächsten nachdenke. Denn der wichtigste Schlag im Golf ist immer der nächste.

Wie Dir der Rückblick auf die Anfänge meiner sportlichen Karriere gezeigt hat, bin ich nicht der Golfer, der jeden Schlag emotionslos hinnimmt. Es hat sehr lange gedauert, bis ich das akzeptiert habe. Es gibt Schläge, nach denen ich in Gelächter ausbrechen könnte, bei anderen möchte ich am liebsten weinen oder den Schläger zerbrechen. Natürlich weiß ich, dass es nichts mehr bringt, sich über einen Schlag aufzuregen. Aber das gehört zu meinem Temperament. Aber nach spätestens 50 Metern ist das Geschichte und ich konzentriere mich nur noch auf den nächsten Schlag.
Falls Dir jetzt noch keine konkreten Handlungsziele für Dein Golfspiel einfallen, lies einfach weiter. In den nächsten Kapiteln entdeckst Du mit Sicherheit etwas, was für Dein Golfspiel vorteilhaft wäre. Wichtig ist nur, dass Du Ergebnisziele von den Handlungszielen strikt trennst und darauf achtest, dass Handlungsziele immer vollständig in Deiner Macht liegen.

Definiere Deine Handlungsziele
Ein Handlungsziel könnte zum Beispiel sein, dass Du Dir vornimmst, jede Woche drei Stunden lang Deinen Trainingsplan durchzuziehen und Dich von nichts ablenken zu lassen. Du kannst die Verpflichtung Dir gegenüber sogar noch verstärken, indem Du das Ziel so formulierst, als hättest Du es bereits erreicht: „Ich habe dieses Jahr meinen Trainingsplan ohne Ablenkung wöchentlich drei Stunden durchgearbeitet."

Ein weiteres gutes Handlungsziel kann Deine gesamte Vorbereitung sein. Okay, jeder Schlag kann schiefgehen, aber Du steigerst die Wahrscheinlichkeit eines guten Schlags um ein Vielfaches, wenn Du Dich konsequent und effektiv darauf vorbereitest, und zwar bei jedem Schlag, egal ob im Training oder im Turnier. Du entwickelst eine Routine, die völlig in Deiner Hand liegt. Wenn Dich dabei ein Geräusch stört, dann brichst Du ab und beginnst von vorn. Konsequent und bei jedem Schlag. Wenn Du magst, kannst Du jetzt einige Handlungsziele notieren, die Dir wichtig sind.

1. ______________________________

2. ______________________________

3. ______________________________

4. ______________________________

5. ______________________________

Ergebnis- und Handlungsziele gehören zusammen. Das Ergebnis ist das, was Dich motiviert, zum Beispiel der Gewinn des Turniers. Aber da Du (nicht nur) auf dem Golfplatz nicht die volle Kontrolle hast, könnte es passieren, dass Du eine tolle Leistung in eine falsche Schublade packst und Frust aufbaust. Auch zum Thema „Frust“ komme ich später noch zurück.
Auch wenn Du Dein Ergebnisziel verpasst, kannst Du Dein Handlungsziel erreichen. Rein psychologisch sind die Handlungsziele viel wichtiger, weil die Erreichung allein in unseren Händen liegt.

Die kleinen Erfolge sind der wahre Schlüssel zur Verwirklichung Deiner großen Ziele.

Wenn Dein Handlungsziel war, vor jedem Schlag konsequent Deine Routine ablaufen zu lassen, kannst Du das Ziel erreichen, selbst wenn Du eine „schlechte“ Runde gespielt hast. Mit Deinen Handlungszielen kannst Du jeden Tag Deinen Ergebniszielen näherkommen.

Ein Beispiel: Ein Freund von mir hat seit einiger Zeit extreme Probleme mit den Schlägen unter 50 Meter. Jahrelang hat er sensationell gechippt und gepitcht. Ganz ohne darüber nachzudenken, aber jetzt hat er regelrecht Angst vor den Schlägen entwickelt. Die leise Stimme des Zweifels in seinem Hinterkopf erinnert ihn an die vielen schlechten Schläge aus den vergangenen Wochen. Je länger er über dem Ball steht, desto größer wird seine Verunsicherung. Das ist nur

natürlich, nur wenn er dem nicht entgegenwirkt, wird es wahrscheinlich nicht besser werden.
Um zu seinem natürlichen Schlag zurückzufinden, muss er sich ohne Zweifel mit etwas anderem beschäftigen. Er könnte sich auf seine Routine konzentrieren, sich den Schlag genau „ausmalen", ihn im Geiste schon einmal durchgehen, so oft, bis er ein gutes Gefühl hat. Auch das sind bereits Handlungsziele. Wichtig ist, dass ich sie mir bewusst mache. Und selbst wenn der Schlag misslingt, kann ich es als Teilerfolg verbuchen, weil ich das, was ich mir vorgenommen hatte, absolut durchgezogen habe.

Die British Open 2016 waren für mich als Linkshänder und Phil-Mickelson-Fan ein absolutes Highlight. Mickelson und Stenson haben sich dort eines der besten Duelle im Golf geliefert, die Verfolger waren nicht mehr in Reichweite. Ein toller Zweikampf auf höchstem Niveau. Mickelson hat in seiner Karriere außer einem Sieg bei den US Open einfach alles erreicht. Er ist einer der besten Golfer aller Zeiten. Und ich bin mir sicher, dass er sich nicht mehr für gute Platzierungen interessiert, sondern allein der Sieg für ihn zählt. Natürlich wollte er Stenson schlagen und gewinnen.

Der Profi zeigt sich in der Niederlage

Wie geht ein solcher Spieler mit der „Niederlage" um? Da spielt er eines der besten Turniere seiner Laufbahn und präsentiert sich spielerisch auf allerhöchstem Niveau. Aber da gab es einen, der eine noch bessere Woche erwischt hat und das Turnier seines Lebens spielte. Ich bin mir sicher, dass Mickelson am Abend der Finalrunde enttäuscht war. Und vielleicht hielt die Enttäuschung auch noch ein paar Tage an. Aber dann kam mit Sicherheit der Punkt, an dem ihm bewusst wurde, wie gut er gespielt hat und was für eine Wahnsinnsleistung er abgeliefert hat.

Worauf fokussierst Du Dich bei Niederlagen?

Wie sieht es bei Dir aus? Auf was fokussierst Du Dich in so einer Situation? Darauf, dass Du Dein Ergebnisziel knapp verfehlt hast? Obwohl

Du jedes Handlungsziel erreichen konntest und eigentlich alles richtig gemacht hast? Siehst Du die Niederlage, obwohl Du ein Golf gespielt hast, mit dem Du sonst jedes andere Turnier gewonnen hättest?

Nimm das Positive mit, bei allem, was Du tust. Konzentriere Dich auf Deine Handlungsziele, um später Deine Ergebnisziele zu erreichen. Es kommt vor, dass das Leben Dich testet, um mal herauszufinden, aus welchem Holz Du geschnitzt bist. Es kann manchmal hart sein, wenn Du Deine Handlungsziele alle erreicht hast und trotzdem nicht das gewünschte Ergebnis erzielt hast.
Das gehört dazu! Ich würde Dir ja gern einen leichteren Weg verraten, aber den gibt es eben nicht. Du musst da durch! Und weitermachen!

Ob Tiger Woods während seiner Verletzungen wirklich die Frage bejaht hätte, ob er Lust dazu hat, noch einmal aufzustehen? Ich bin mir da nicht so sicher. Er hatte alles erreicht, den Sport geprägt und verändert. Beweisen musste er niemandem mehr etwas. Der leichtere Weg wäre mit Sicherheit gewesen, nie wieder Turniergolf zu spielen. Dann wäre er auf ewig der „Außerirdische" gewesen, der jedes 4. Turnier gewinnt. Er hat es trotzdem versucht, nach verpassten Cuts, noch einer OP, wieder nur verpasste Cuts, weiteren Operationen. Da kommt dieser „alte Mann" zurück, der von den Experten bereits abgeschrieben wurde, und gewinnt das letzte Turnier des Jahres und damit fast noch den FedExCup. Er qualifiziert sich für den Ryder Cup und gewinnt schließlich im April 2019 das US-Masters.
Wer dieses Turnier gesehen hat, konnte beobachten, wie Geschichte geschrieben wird. In meinen Augen das größte Comeback in der Sportgeschichte. Für einen Tiger Woods ist es genauso wichtig, sich Handlungsziele zu setzen, wie für Dich und mich. Vielleicht ist es für ihn sogar noch wichtiger.

Konzentriere Dich auf das, was Du selbst beeinflussen kannst, und belohne Dich für Deine Disziplin.

Ohne bei seinem Training dabei zu sein, kann ich mir gut vorstellen, wie er an diese Sache herangeht. Denn er kann nicht mehr so intensiv trainieren wie früher. Er muss seine Kraft sehr gut einteilen und genau überlegen, wann er was und wie viel trainiert. Er benötigt Handlungsziele, weil er eben nicht mehr so lange auf der Range stehen kann, um eine Übung solang zu wiederholen, bis das gewünschte Ergebnis erreicht ist. Tiger wird sich also eher einen Zeitrahmen setzen. Ist die Zeit abgelaufen, bricht er die Übung ab, egal, ob er mit dem Ergebnis schon zufrieden ist. Das ist eine Frage der Disziplin. Wenn das Ziel lautet, zwei Stunden lang Bälle in einen Korridor zu schlagen, dann ist das Ziel nach zwei Stunden eben erreicht.

1.5 Das Tour-de-France-Modell

Als ich neulich einen kurzen Ausschnitt der TV-Übertragung der Tour de France gesehen habe, muss ich zugeben, dass mich die Jungs ziemlich beeindruckt haben, wie sie da die Berge hochfahren. Wie gehen die Fahrer wohl an diese Aufgabe heran? Okay, natürlich trainieren sie hart und achten auf ihre körperliche Fitness, und das mit Sicherheit auch nicht erst seit gestern, sonst wären sie gar nicht erst dabei. Aber wie definiert man Ziele für eine solche Aufgabe? 21 Etappen in 23 Tagen? Rund 3.500 Kilometer Distanz? Um das zu schaffen, genügt einfaches Training nicht. Die Vorbereitung muss exakt auf das Ereignis ausgerichtet sein.

Ihr Ziel zu definieren, dürfte für die meisten Fahrer nicht schwer sein. Vielleicht der Sieg oder im hinteren Feld überhaupt Paris zu erreichen. Schwieriger ist es, den Weg dorthin zu definieren. Aber bei einem Wettbewerb über 3.500 Kilometer genügt es nicht, nur das Endziel zu sehen. Das ist zu Beginn einfach viel zu weit weg.
Die meisten Fahrer, die für die Gesamtwertung fahren, um das berühmte Gelbe Trikot, halten sich auf den ersten Etappen zurück. Sie machen bei Sprintduellen nicht mit, um ihre Kräfte zu sparen. Sie wollen noch genügend „Körner haben“, wenn es in die Berge geht. Für einen Sprinter liegt sein Ziel vermutlich darin, auf den ersten Etappen so viele Sprints wie nur möglich zu gewinnen. Das kostet ihn mehr Kraft als die Fahrer, die sich bewusst zurückhalten. Dafür

braucht es hingegen mentale Stärke, um ruhig zu bleiben und nicht zu früh zu attackieren. Die Favoriten für die Gesamtwertung kennen ihre Konkurrenten ziemlich gut und wissen ganz genau, wie weit sie jemanden „ziehen lassen" können, bevor sie selbst aus dem Sattel müssen.

Ziele machen Freude und sind Belohnung

In meinem Sport gibt es Anlagen, auf die ich mich besonders freue, weil sie mir einfach besser gefallen als andere. Da bin ich mir sicher, dass auch jeder der Fahrer der Tour de France eine Etappe hat, auf die er sich am meisten freut, bei der er sich seinen Konkurrenten gegenüber überlegen fühlt. Vielleicht sucht er sich dann genau diese Etappe aus, um dem Feld davonzufahren. Auch wenn es für uns am Fernsehen anders aussehen mag: In den meisten Fällen handelt es sich nicht um eine spontane Idee, jetzt anzugreifen. Im Vorfeld wurde bereits festgelegt, wann das passieren sollte. Es handelt sich also um ein klares Ziel des Fahrers bei der Etappe.

Um eine so große Herausforderung zu bestehen, brauchst Du also nicht nur eisernes Training und eine gezielte Vorbereitung, damit Du am Ende auch die berühmten Kleinigkeiten richtig machst. Du brauchst ein großes Ziel und kleinere Ziele für jede Etappe. Du musst vorher wissen, wann Du angreifst und wann Du den Gegner ziehen lässt, um Kräfte zu sparen.

Das Ergebnis wird oft beim Start bereits entschieden

Bereits vor der Tournee ist es meist schon entschieden, wer in dem Jahr um den Gesamtsieg fahren kann. Das hängt ganz davon ab, ob sich der Fahrer zu 100 Prozent vorbereitet hat: körperlich, mental und mit einer klaren Vorstellung davon, wie die Tour für ihn laufen wird.

Das Beispiel der Tour de France zeigt uns, wie wichtig es ist, einen Handlungsplan zu entwickeln. Ich rate Dir: Egal, was Dein Ziel ist, schreib Deine eigene Tour de France! Wenn Du Dich nur auf ein großes Ziel konzentrierst (Paris!), wirst Du wahrscheinlich für längere Zeit in einer schlechten Stimmung sein. Denn das große Ziel ist sehr weit weg.

Deine persönliche Tour de France

Du brauchst einzelne Etappen, um für Dich ein Erfolgserlebnis verbuchen zu können. Mit den Etappen kommst Du schrittweise dem großen Ziel näher. Und kannst auch schon einmal durchatmen. Also schreibe Dir Deine persönliche Tour de France mit allen Etappen auf! Bestimmt kennst Du Dein persönliches Paris. Und beginne gleich damit, Dir die ersten Etappen auf dem Weg dorthin festzulegen.

Ich bitte Dich, Deine Etappenziele mindestens 100 Tage voneinander zu trennen. Wenn Du heute damit anfängst, daran zu arbeiten, dann schaue erst, was in den 100 Tagen passiert. Erst dann hast Du Dein Etappenziel erreicht.

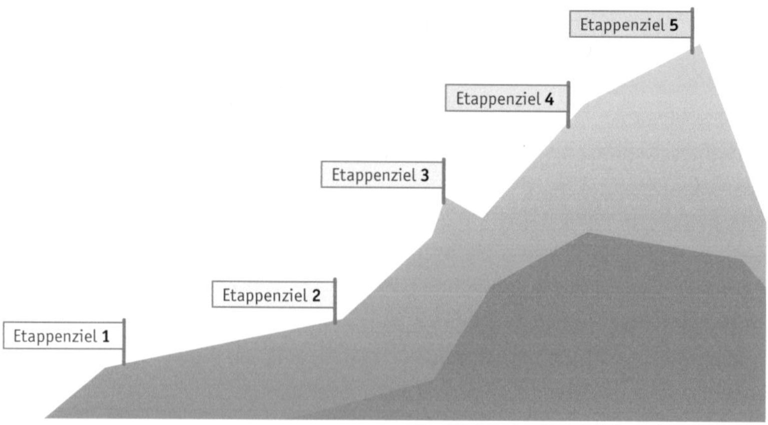

Abb. 4: Tour de France
Quelle: eigene Darstellung

Ziele brauchen Zeit

Wir unterschätzen total, was wir in fünf, sieben oder zehn Jahren erreichen können, aber wir überschätzen uns maßlos, was wir in ein paar Monaten erreichen können.
Für Dein „Paris" solltest Du Dir mindestens fünf Jahre Zeit geben. Du kennst nun die Bedeutung von Ergebnis- und Handlungszielen. Und im besten Fall fängst Du bereits an, an Deiner Tour de France zu arbeiten.

Umsetzen kann das nur eine einzige Person: Du!

1.6 Trainingsziele

Konkrete Trainingsziele sind für Deine Entwicklung im Golf unerlässlich. Auf die Dauer bringt es Dich nicht weiter, wenn Du stundenlang Bälle auf der Driving Range schlägst. Nutze also lieber die Zeit, die Du auf dem Golfplatz verbringst, um effektiv und gezielt zu trainieren.

Wettkampf- und Saisonvorbereitung

Das Ziel des Trainings ist es, sich bestmöglich auf die Wettkampfsituation vorzubereiten.
Beim Training solltest Du zwischen einer direkten Wettkampfvorbereitung und einer „Saisonvorbereitung" unterscheiden.

Ein effektives Training ist immer ein zielbasiertes Training.

Mentale Vorbereitung: Konzentration auf die Handlung

Direkt vor einem Wettkampf lasse die Ergebnisziele komplett weg. Konzentriere Dich auf die Handlung.

Du kannst Dich zum Beispiel auf die Range stellen und den Golfplatz gedanklich durchgehen. Du stellst Dir das erste Loch vor, siehst das leichte Dogleg nach rechts, stellst Dir dazu einen Korridor auf der Range vor und schlägst den Driver genau in diesen Korridor. Danach hast Du noch ein Eisen 7 ins Grün und Du stellst Dir auch diesen

Schlag gedanklich so vor, als würdest Du jetzt auf dem ersten Loch stehen. Du siehst das Grün, umrandet von einem Bunker, siehst wie die Fahne weht, Du suchst Dir wieder einen Korridor aus, der zu diesem Grün passt, und schlägst den Ball genau dort hin.

So spielst Du alle Bahnen durch und bereitest damit Dein Unterbewusstsein optimal auf den Golfplatz vor. Mein Tipp: Nutze dafür die gesamte Range. Geh abwechslungsreich vor und schlage den Ball nicht immer in die gleiche Richtung.

Auch einen Korridortest kannst Du mental durchgehen: Stell Dir einen Korridor einfach nur vor, auch wenn dort keine Schilder sind. Es geht nicht primär darum, jeden Ball in den Korridor zu schlagen, sondern Dich mental auf den Golfplatz einzustellen.

„Fake it, 'til you make it"
Führe jeden Schlag so aus wie im Turnier!
Wenn Du putten gehst, lese die Grüns, versuche so früh wie möglich ein Gefühl für sie zu bekommen und putte nicht einfach darauflos.

Stecke Dir mit Tees einen Meterkreis und das Loch, um Deine langen Putts zu trainieren. Das primäre Ziel ist es, dass der Ball in diesem Kreis liegen bleibt. Das Gleiche gilt für Deine Chips.

Stecke einen Kreis mit vier Tees. Stell Dir den Kreis wie eine Uhr vor. Ein Tee auf zwölf Uhr, ein Tee auf drei Uhr, ein Tee auf sechs Uhr und ein Tee auf neun Uhr.
Das machst Du aus den Entfernungen: 1, 1,5, 2, 2,5 und 3 Meter. Das Ziel ist es, jeweils alle vier Putts in Folge zu lochen, erst dann nimmst Du die nächste Entfernung in Angriff.

Am besten nimmst Du dafür ein Loch, das ein leichtes Break hat. So ist jeder Putt dabei: bergauf, bergab, links-rechts, rechts-links. Auch hier puttest Du, als wärst Du schon im Turnier, also mit Deiner kompletten Schlagvorbereitung.

Ergebnisse müssen dokumentiert werden
Was mache ich beim Training in der Saisonvorbereitung anders?

Ich schaue mehr auf das Ergebnis, ich dokumentiere mein Training. Ich mache verschiedene Tests, diverse Kurzspieltests, sowie Korridortests auf der Range.
Ich möchte sehen, wo ich stehe, und will wissen, woran ich arbeiten kann und muss. Trotzdem vernachlässige ich nicht meine Handlungsziele, jeder Schlag wird ausgeführt, als wäre ich im Turnier.

Zusammenfassung des Kapitels

1. Finde Dein persönliches Warum.

2. Mache Deine Vision so groß, dass sie Dir (fast) Angst macht.

3. Ziele werden immer schriftlich (handschriftlich) festgehalten und werden immer spezifisch, messbar, attraktiv, realistisch und terminiert – SMART – formuliert.

4. Setze Dir bewusst häufiger Handlungsziele, um die Kontrolle zu behalten und regelmäßige, planbare Erfolgserlebnisse zu haben.

5. „Rom wurde auch nicht an einem Tag erbaut“ – jedes große Ziel benötigt eine Vielzahl an Etappenzielen. Fange bei Deinem großen Ziel in der Zukunft an und gehe von dort in Etappen zurück bis zum heutigen Tag.

6. Gehe niemals ohne Ziel zum Training. Ein Ziel kann es auch sein, die Seele beim Bälle schlagen baumeln zu lassen. Sei Dir aber davor darüber im Klaren. Wichtig ist, dass Dir vorher bewusst ist, was Du heute machen willst.

To-do des Tages

1. Definiere ein klares Handlungsziel für Deine nächste Golfrunde.

2. Zeichne Deine persönliche Tour de France! Wie sieht Dein großes Ziel aus? Welches Handicap würdest Du gerne einmal spielen und wie sieht der Weg bis dahin aus?

3. Welches Ziel hast Du für Deine nächste Trainingseinheit?

1. ______________________________

2. ______________________________

3. ______________________________

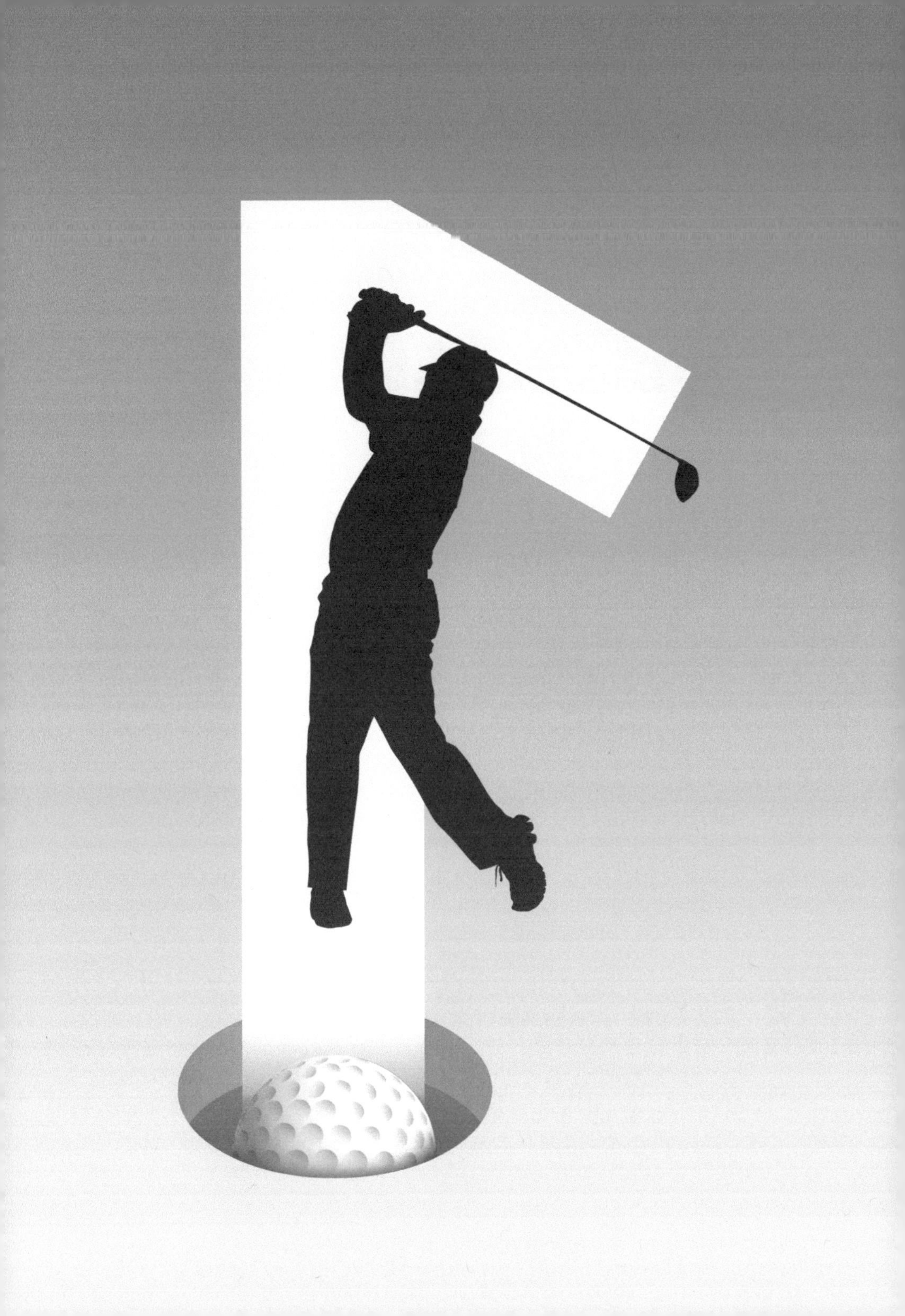

2. Die Macht Deiner Gedanken

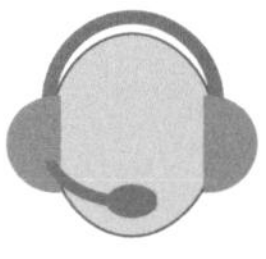

Nutze das KOSTENLOSE WEBINAR „GOAL 1N ONE“ – damit kannst Du Deine Erkenntnisse aus diesem Buch direkt besser umsetzen: www.yannickrosenberger.de/webinar

Als Josef zu mir kam und mich fragte, wie er denn seine Konzentration über 18 Loch hochhalten kann und dabei den Fokus behält, erklärte ich ihm, dass wir immer zuerst verstehen müssen, wie unsere Gedanken funktionieren und wie wir unsere Gedanken beeinflussen können, um nachhaltige Veränderung herbeizurufen. Die Basis des Mentaltrainings ist, zu verstehen, wie diese Vorgänge funktionieren. Erst wenn diese Basis gelegt ist, dieser Grundstein gelegt ist, können wir mit einzelnen Techniken unsere Herausforderungen in kurzer Zeit meistern und vermeintliche Schwächen in Stärken verwandeln. Ohne dieses Wissen wirst Du immer wieder zu der Frage zurückkommen: „Warum soll ich das jetzt so machen?“

In diesem Kapitel geht es genau um dieses Basiswissen und natürlich um noch vieles mehr, also sei gespannt.

2.1 Gute und schlechte Tage

Ich bin mir sicher, Du kennst diese Situation: Du spielst eine fantastische Runde, einfach jeder Schlag geht dahin, wo Du ihn hinhaben möchtest. Es kommt einfach alles zusammen. Es läuft. An der 18 hast

Du 218 Meter zur Fahne, die Fahne steht vorne im Grün, es sind also „nur" 211 Meter über das lang gezogene Wasserhindernis. Gestern hättest Du diesen Schlag nie versucht, aber heute ist das kein Problem. Da läuft das.

Also ziehst Du das Holz 3 und natürlich landet der Ball an der Fahne! Das Eagle ist nur noch Formsache.

Du verbesserst nach dieser Runde Dein Handicap massiv. Und morgen wird es noch besser, und übermorgen noch einmal. Selbstverständlich hast Du jetzt ein neues Spielniveau erreicht, es war ja sowieso nur eine Frage der Zeit.

Kommt Dir das bekannt vor?

Mir auch nicht.

Lass uns zurück zu Deiner perfekten Golfrunde kommen. Natürlich erhoffen wir uns jeden Tag aufs Neue die fehlerfreie Runde, nur am Ende des Tages will es einfach nicht klappen.
Jeder kennt den Spruch: „Golf ist reine Tagesform."
Das klingt ein bisschen so, dass man nichts anderes tun könnte außer beten vielleicht. Aber das ist natürlich Quatsch.

Schauen wir dazu wieder auf den Platz: Rory McIlroy ging 2011 mit vier Schlägen Vorsprung in den Finaltag des 75. Masters Tournament, dem wohl emotionalsten Einzelturnier der Welt. 54 Loch lang hat er geniales Golf gezeigt und den Rest des Feldes klar hinter sich gelassen. Die Finalrunde startete er etwas wackelig, mit +1 ging er von den ersten Neun. Das bedeutete immer noch die Führung für ihn.

Mit einem weit nach links verzogenem Abschlag startete er die alles entscheidenden zweiten Neun. Ein Triple Bogey musste er an diesem Loch notieren. Dem ließ er einen 3-Putt und einen 4-Putt auf den Löchern 11 und 12 folgen. An der 13 platzierte er dann seinen Ball

zu weit links im Wasser. Am Ende gewann Charl Schwartzel überraschend das 75. Masters Tournament.
McIlroy war erst der vierte Spieler, der mit einer 4-Schläge+-Führung in den Finaltag ging, aber am Ende nicht das Green Jacket mit nach Hause nehmen durfte.
1979 traf es Sam Snead sogar noch härter. Er verspielte sogar eine Führung von fünf Schlägen auf den letzten Löchern.
Jean van de Velde ging 1999 mit drei Schlägen Vorsprung auf die letzte Bahn bei den British Open in Carnoustie. Aber sein sicher geglaubter Sieg endete in einem Drama. Er spielte ein Triple Bogey und verlor anschließend noch das Stechen gegen den Schotten Paul Lawrie über vier Löcher.

Reden wir hier von einer schlechten Tagesform? Können ein McIlroy oder ein Sneed über Nacht das Golfen verlernt haben? Nachdem sie das Turnier drei Tage lang dominiert hatten?

Gute oder schlechte Tage – das steuerst Du mental

Natürlich nicht: Sie haben das Turnier nicht mit ihren Händen verloren, sondern zwischen ihren Ohren.
Der mentale Aspekt ist in diesem Sport immens wichtig und findet unglaublich wenig Beachtung.

Natürlich gibt es gute und weniger gute Tage, aber beides kann überwiegend von Dir selbst gesteuert werden. Unsere Wahrnehmung sucht den ganzen Tag nach Bestätigung für das, was in unserem Kopf vorgeht: Dein positives Mindset sucht also Bestätigung für Positives, reagiert auf jede kleine schöne Situation, Dein negatives Mindset sucht Bestätigung für Negatives, für kleine negative Vorkommnisse.

Wieder ein Beispiel: Für mich ist es kein besonders guter Start in den Tag, wenn morgens keine Milch mehr im Kühlschrank ist und ich meinen Kaffee schwarz trinken muss. Fahre ich anschließend zu einem Turnier und mache ein paar gute, aber auch weniger gute Schläge auf der Range, bekomme ich das Gefühl, dass dies kein guter Tag

mehr werden kann. Dieses Signal habe ich meinem Unterbewusstsein schon beim Kaffee gesendet. Kein guter Tag ist nun mal kein guter Tag.
Ich merke es ja: Der Schwung ist nicht so weich wie sonst, die Bälle kurven viel mehr als sonst. Das wird echt schwer heute. Hoffentlich ist der Putter warm, damit ich noch ein bisschen was retten kann. Aber halt! Damit habe ich ja vergangene Woche erst zwei kurze Putts verschoben.
Okay, das *kann* ja heute eigentlich nichts werden ...

Positive Verstärkungen

Kennst Du ähnliche Situationen? Keine Sorge, das ist ganz natürlich und jeder der Top 100 der Weltrangliste hat das auch schon erlebt. Aber wenn ich mir schleichend einen Tag richtig schlechtreden kann, dann funktioniert das doch auch umgekehrt!
Und ja, so ist es! Das Unterbewusstsein sucht einfach nur nach der Bestätigung für die Signale, die ich ihm sende. Unser Unterbewusstsein gibt dazu keinerlei Wertung ab.
Wenn ich ihm also gute Schläge, gelochte Putts, lange und gerade Drives, präzise Eisenschläge schicke, wird mein Unterbewusstsein nach Bestätigungen für genau diese Schläge suchen. Unserem Unterbewusstsein ist es egal, ob gelochte Putts oder verschobene Putts, ob positiv oder negativ. Es kommt auf die Signale an, die ich zusätzlich sende. Das Unterbewusstsein ist wie unser Computer. Bei Google muss ich zumindest „Golfschuhe" eintippen, wenn ich danach suchen will. Und wenn ich ein Taxi besteige, muss ich dem Fahrer genau sagen, wohin ich will. Und wie kann Dir Dein innerer Computer nun dabei helfen, besseres Golf zu spielen?

Dein Unterbewusstsein benötigt klare Ansagen.

Die Kraft des mentalen Spiels

Viele Golfer haben die Kraft des mentalen Spiels noch nicht verstanden: Wenn ich einen Driver nicht auf das Fairway schlage, war der Schwung einfach schlecht. Wenn ich den Putt an der 18 nicht loche, habe ich einfach einen schlechten Putt gemacht. Sie sind der Meinung, dass ein schlechter Schlag die Folge eines schlechten

Schwungs gewesen sein *muss*. Das bedeutet, ich muss mich beim nächsten Schlag noch mehr auf meine Bewegung konzentrieren.

So funktioniert das aber nicht. Die Spieler produzieren dann am Ball einen richtigen „Overload" an Informationen in der Art: „Steht der Schläger gerade am Ball, ist meine Ausrichtung korrekt? Passt meine Schulterlinie zu meiner Fußlinie? Mein Trainer hat gesagt, kürzer und langsamer ausholen und dann den Schläger etwas flacher durch den Ball schwingen, dabei muss ich die Hüfte aber mehr und schneller durch den Ball drehen."
Das ist Technik, die gehört auf die Range. Auf dem Platz haben diese Gedanken nichts zu suchen. Eigentlich haben diese Gedanken auch nichts auf der Range zu suchen, aber darauf komme ich später noch.

Kennst Du Klaus und Boris?
Kennst Du Spieler in Deinem Club, die tolles Golf spielen, aber im Turnier oder auf den letzten Löchern den Score einfach nicht zusammenbekommen? Bei denen es in Privatrunden klasse läuft, aber im Turnier will es einfach nicht funktionieren? Lass uns Deinen Clubkameraden jetzt mal auf den nächsten Seiten Klaus nennen. Und vielleicht gibt es in Deinem Club auch noch den Boris. Der schöpft jedes Mal das Maximum seiner Möglichkeiten aus. Auf der Range macht er keine gute Figur. Das sind einfach keine guten Ballkontakte. Aber wenn es um die berühmte Wurst in einem Turnier geht, dann ist Boris immer voll da.

Wie kann das sein?

Klaus spielt offensichtlich tolles Golf. Aber er schafft es nicht, seine Leistung aus den Privatrunden auch im Turnier zu zeigen. Jetzt trainiert er noch mehr. Aber Klaus' Leistungen werden nicht besser, sondern sogar schlechter. Obwohl ich Klaus und Boris nicht persönlich kenne, gibt es nur eine einzige Erklärung dafür. Was sich zwischen ihren Ohren abspielt, ist völlig verschieden.
Und das liegt an der Macht unserer Gedanken!

Jeder Mensch hat täglich ca. 60.000 Gedanken. 70 Prozent davon sind nebensächlich, 27 Prozent negative, aber nur drei (!) Prozent positive Gedanken (Maehrlein 2017; Hockling 2015). Wir haben also rund zehnmal so viele negative wie positive Gedanken.

Diese Information klingt schon mal nicht besonders aufbauend, oder? Ich kann Dir aber Mut machen:

Was meinst Du, wie viele Deiner Gedanken wohl negativ waren, als Du auf die Welt gekommen bist?

NULL!
NICHT EINER!

Jeder einzelne unserer negativen Gedanken ist hausgemacht, den haben wir uns selbst eingepflanzt. Stell Dir doch jetzt einmal Deinen Traumplatz vor, auf dem Du zehn Runden spielen darfst. (Bei mir ist es übrigens der Augusta National, der Ort, an dem jedes Jahr das Masters Tournament ausgetragen wird. Diese wunderschöne Anlage, mit diesen vielen Blumen, hinter dem zwölften Grün. Perfekt geschnittene Fairways. Selbst die Pinien genießen eine Pflege, wie man sie sich hierzulande gar nicht vorstellen kann.)

Ein Gedankenspiel
Deine Gedanken bei Deiner Geburt sind wie dieser traumhafte Golfplatz. Es gibt dort einfach keine negativen Aspekte.

Für die Qualität Deiner Gedanken bist ausschließlich Du verantwortlich.

Ich stelle mir gerade vor, wie ich über diese Anlage laufe und überall diese großen weißen Sandbunker und perfekt geschnittene Bunkerkanten bewundere. Das Fairway ist bereits schneller als so manches Grün bei uns. Und erst diese Grüns. Absolute Perfektion! Die sind so schön, dass man sich kaum traut, sie zu betreten.

Jetzt stellen wir uns beide vor, wir gehen am nächsten Tag wieder auf diese Anlage. Und wieder ist die ein Spiegelbild unserer Gedanken. Leider haben wir inzwischen aber einige negative Erfahrungen gemacht: im Kindergarten, in der Schule, beim Sport.

Wie sieht dieser Platz heute aus?

Die Blumen blühen nicht mehr so schön, das Fairway und die Grüns wachsen vor sich hin.

Wir gehen noch einen Tag weiterer Erfahrungen weiter.

Kritik von den Eltern, Kritik vom Lehrer, Kritik vom Chef, wenig hilfreiche Tipps der Spielpartner, ein paar misslungene Schläge.

Und der Platz?

Das erste Unkraut macht sich breit, die komplette Anlage fängt an zuzuwachsen.

Wenn jetzt niemand diesen Traumplatz ein Jahr lang pflegen würde: Würdest Du auf ihm dann immer noch gern spielen wollen?
Ich auch nicht!

So ähnlich läuft es mit unseren Gedanken. Wir füttern sie täglich mit negativen Informationen und suchen dann in der Gegenwart unbewusst eine Bestätigung für sie. In unserem Gehirn leiten sogenannte *neuronale Verbindungen* Informationen in Form von elektrischen Impulsen weiter. Diese neuronalen Verbindungen können – übersetzt gesagt – unser bester Freund oder unser schlimmster Feind sein. Sie funktionieren praktisch genauso wie ein Muskel unseres Körpers.

Wenn ich ins Fitnessstudio gehe und immer wieder meine Oberschenkel trainiere, wird dieser Muskel wachsen. So läuft es auch mit unserem Gehirn und unseren Gedanken. Umso öfter ich eine neuronale Verbindung nutze, umso größer wird sie. Umso seltener ich eine Verbindung nutze, umso kleiner wird sie. Wenn Du Deinen negativen

Gefühlen das Futter nimmst, das sie nährt, werden sie früher oder später absterben.

Bannen und Fokussieren

Das können wir für uns nutzen! Alle negativen Gedanken aus dem Kopf zu verbannen, ist sehr schwierig.

Ich kann aber meinen Fokus auf die positiven Dinge legen: meine guten Schläge, die gelochten Putts, die Pitches, die zum Tap-in an der Fahne liegen. Ich kann mir diese Schläge aufschreiben. Ich notiere, wann dieser Schlag war, an welchem Loch, wie der Ball lag, wie das Wetter dabei war und wie ich mich dabei gefühlt habe, vielleicht noch, was ich gehört und gerochen habe.

Jedes noch so kleine Detail ist wichtig, um unser Gehirn damit zu füttern und ihm die richtigen Signale zu senden. Denn diese positiven Schläge sind weitaus wichtiger als die weniger guten. Je detaillierter Deine Erinnerungen und damit Deine Gedanken sind, umso leichter kannst Du sie Dir immer und immer wieder ins Gedächtnis rufen. Und je häufiger Du Dein Gehirn damit fütterst, desto stärker wird der Gedanke ausgeprägt sein.

Deine Gedanken bestimmen Dein Leben.

Erfolg beginnt damit, Deine Gedanken zu meistern. Wenn Du nicht kontrollierst, was Du denkst, kannst Du auch nicht kontrollieren, was Du tust.

– Napoleon Hill –

2.2 Das Eisbergmodell

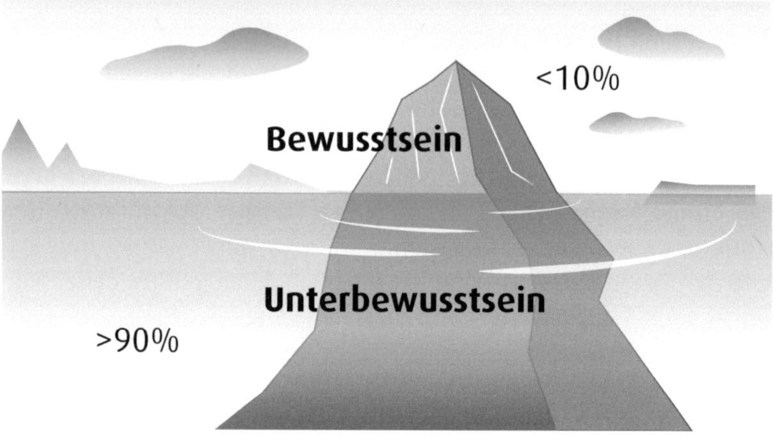

Abb. 5: Das Eisbergmodell
Quelle: eigene Darstellung nach Pixabay (Lizenz), 1421411 © by MoteOo

Das Eisbergmodell ist im Zusammenhang mit der bewussten und der unbewussten Kommunikation bekannt. Diese Theorie lässt sich auch auf die Wahrnehmung übertragen. Wir besitzen eine bewusste und eine unbewusste Wahrnehmung. Während unser Bewusstsein maximal 50 Informationseinheiten in der Sekunde verarbeiten kann (sogenannte Bits), nimmt unser Unterbewusstsein ca. elf Millionen Bits pro Sekunde auf. Die Verarbeitungsmenge unseres Unterbewusstseins ist also um den Faktor 220.000 größer. Dieses Ungleichgewicht liegt aber nicht daran, dass unser Bewusstsein „technisch" auf diese Menge beschränkt ist. Das Bewusstsein ist also kein veralteter Computer, der einfach nicht mehr verarbeiten kann. Vielmehr handelt es sich um einen Schutzmechanismus, um uns nicht zu überfordern.

Erinnerst Du Dich an die neuronalen Verbindungen aus dem vorherigen Kapitel? Stell Dir jetzt mal die Spieler A und B am 18. Abschlag des letzten Ligaspieltags vor. Die Situation ist für beide die gleiche. Sie brauchen ein Birdie, um ihre Mannschaft jubeln und aufsteigen zu lassen. Bis vor wenigen Minuten war der Aufstieg schon sicher, aber wie so oft im Golf hat sich die Situation verändert. Jetzt muss es ein Birdie sein. Mit einem Par reicht es nur für den zweiten Platz. Die Arbeit einer ganzen Saison wäre dahin. Beide Spieler sind auf dem Weg von Grün 17 zum 18. Abschlag. Beide wissen noch nichts von der geänderten Ausgangslage, sie gehen fest davon aus, dass der Aufstieg schon sicher ist. Der Trainer von Spieler A kommt zu ihm und sagt, wir haben leider ein paar Schläge verloren, wir brauchen Dein Birdie für den Aufstieg. Der Trainer von Spieler B sagt genau den gleichen Satz zu seinem Schützling.

Bewusste und unbewusste Wahrnehmung

Du allein bestimmst, wie Du auf eine Situation reagierst.

Die bewusste Wahrnehmung der Spieler ist: Ich muss das Birdie machen. Entscheidend ist jetzt, was im Unterbewusstsein der Spieler passiert. A wird ganz blass, er fühlt sich total überrumpelt, er mag überhaupt keinen Druck, außerdem war der Aufstieg doch schon sicher. Er fragt sich, was passiert, wenn er es nicht schafft. Die Mannschaft wird bestimmt von ihm enttäuscht sein. Er fragt sich, wie er denn hier ein Birdie spielen soll, vor Zuschauern und unter diesem Druck. Und er ärgert sich darüber, dass der Trainer ihm das überhaupt gesagt hat. Wenn er doch geschwiegen hätte. Dann hätte zumindest eine Chance auf ein Birdie bestanden. Aber so? Am liebsten würde Spieler A jetzt einfach Heim gehen, dann würde er sich zumindest nicht blamieren. Was meinst Du, welche neuronalen Verbindungen bei A wohl über die Jahre genährt und gestärkt wurden? Und welche so gut wie gar nicht benutzt wurden?

Spieler B ist etwas erschrocken. Er fragt sich, was da vorne passiert ist, dass es auf einmal wieder so eng ist. Sein Herz schlägt von Sekunde zu Sekunde schneller. Die Anspannung ist ihm anzusehen. Aber innerlich fängt er gerade an zu grinsen. Er denkt sich, dass er im Grunde immer auf diese Chance gewartet hat. Genau deswegen trainiert er so viel, um zu zeigen, was in ihm steckt. Er sagt sich, dass der Druck und die Anspannung ihn tragen und er sich die Chance auf ein Birdie holen wird. Er sagt zu seinem Trainer nur: „Dann let's go, Coach." Spieler B ist mental stark. Er strotzt vor Selbstvertrauen und freut sich darüber, dass er die Ehre hat, in dieser Situation zu sein und den ganzen Druck auf seinen Schultern tragen zu dürfen.

Der Druck ist jetzt da. Die Frage ist nur, ob ich nun die Kontrolle vor lauter Angst abgebe oder ob ich ihn annehme und Stärke beweise. In jeder Situation hängt es einzig und allein von Dir ab, wie Du damit umgehst.
Beide Spieler wurden von der Information überrascht. Da unser Unterbewusstsein aber so rasend schnell ist und unser Bewusstsein damit nicht hinterherkommt, werden sofort im Gehirn die passenden Verbindungen gesucht. Bei beiden Spielern waren es genau die Verbindungen, die sie über die Jahre gestärkt haben. Spieler A hat seinen Kopf nie auf so eine Situation vorbereitet. Deshalb folgt eine panische Reaktion. Panik und Angst sind aber keine guten Ratgeber auf dem Golfplatz.
Negative Gedanken zerstören Dein Selbstvertrauen. Am Ende des Tages ist Golf hauptsächlich eine Frage des Selbstvertrauens. Spieler B hat in den letzten Jahren andere neuronale Verbindungen genährt und gestärkt.

Aber wie funktioniert das mit unserem Unterbewusstsein und mit diesen neuronalen Verbindungen?
Bevor wir hier etwas tiefer in die Materie eintauchen, möchte ich Dir noch ein „Programm" vorstellen, das bei jedem von uns auf unserer „Festplatte" gespeichert ist: Das G-E-H-E-Prinzip erklärt den gesamten mentalen Prozess. Wenn Du das Programm verstanden hast, weißt Du genau, was Mentaltraining ist.

2.3 Das G-E-H-E-Prinzip

Das G-E-H-E-Prinzip ist für mich das Geheimnis des mentalen Golftrainings.

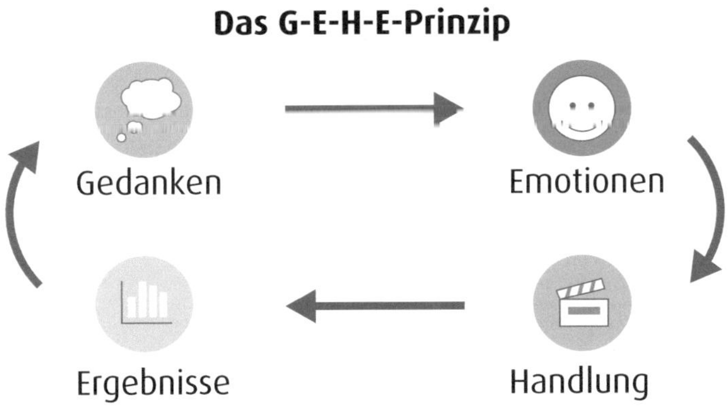

Abb. 6: Das G-E-H-E-Prinzip
Quelle: eigene Darstellung / Ableitung von http://i-bux.eu/Leseproben/Erfolgstipps_Eker.pdf

Gehen wir das gemeinsam durch. Stell Dir vor, Du stehst auf Loch Nummer 1 am Abschlag. Du hast wie immer genügend Zeit, um die Bahn noch mal anzuschauen. Für uns Menschen ist es nicht möglich, an gar nichts zu denken. Und deswegen kommen auch in diesem Moment die ersten Gedanken hoch. „Oh nein, die letzten beiden Male habe ich den Ball hier ins Wasser geschlagen." Vielleicht aber auch: „Na endlich, mein Lieblingsabschlag, ich schlage den Ball hier wie immer Mitte Fairway."

Unsere Gedanken lösen Gefühle in uns aus
Jeder Gedanke löst in uns Emotionen aus. Du kannst Dir sicher denken, welche Emotionen das sind, wenn wir an die letzten beiden Schläge ins Wasser denken.
Und wie die Emotionen aussehen, wenn es unser Lieblingsabschlag ist? Dann kannst Du Dir sicher auch denken, welcher der beiden Gedanken hilfreicher für den Schlag ist, der jetzt kommt.

Die Gedankengefühlsspirale
Was passiert also, wenn wir ängstlich und eingeschüchtert an den

Schlag (eine Handlung) herangehen? Die Wahrscheinlichkeit dafür, dass da ein fantastisches Ergebnis herauskommt, wird eher sinken, oder? Wenn wir aber mit Freude und Unbekümmertheit an den Schlag herangehen, steigt die Wahrscheinlichkeit, dass ein tolles Ergebnis entsteht. In einem endlosen Kreislauf geht es von dieser Stelle unmittelbar weiter, denn sowohl ein gutes als auch ein schlechtes Ergebnis lösen in uns wieder positive oder negative Gedanken aus – und weiter dreht sich die Gedankengefühlsspirale.

Das ist der Grund, warum wir an dem einen Tag das Golf unseres Lebens spielen und an dem anderen Tag so, als hätten wir noch nie einen Golfschläger in der Hand gehabt. Das ist eine Endlosschleife, die weder nach oben noch nach unten eine Grenze kennt.

Als Erstes kommt ein *Gedanke*, dieser Gedanke erzeugt ein Gefühl, also eine *Emotion*, diese Emotion steuert und beeinflusst unseren Schlag – die *Handlung* –, die Handlung ist entscheidend für unser *Ergebnis* und das Ergebnis löst in uns wieder neue Gedanken aus.

Mentaltraining durchbricht den Negativkreislauf

Wo kann ich in diesen Kreislauf eingreifen? Was kann ich selbst beeinflussen, was habe ich selbst in der Hand?

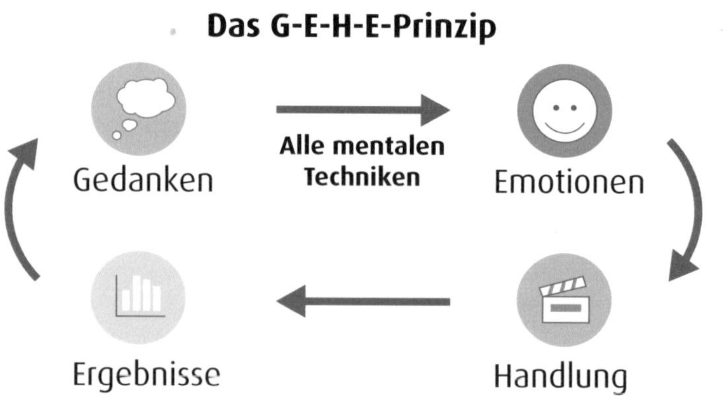

Abb. 7: Das G-E-H-E-Prinzip – alle mentalen Techniken

Quelle: eigene Darstellung /Ableitung von http://i-bux.eu/Leseproben/Erfolgstipps_Eker.pdf

Alle mentalen Techniken zahlen genau auf diesen einen Punkt ein. Auf den Schritt zwischen unseren Gedanken und unseren Emotionen.

GEDANKEN -> EMOTIONEN.

Durch „bessere" Gedanken erzeuge ich automatisch „bessere" Emotionen. Dadurch steigt die Wahrscheinlichkeit einer guten Handlung (eines guten Schlags) und damit erhöht sich die Wahrscheinlichkeit eines guten Ergebnisses. Das hat zur Folge, dass es mir leichter fällt, positive Gedanken zu erzeugen. Da ich noch auf der Euphoriewelle des letzten Schlags reite, erzeuge ich durch positive Gedanken wieder positive Emotionen.

Deine ***Gedanken*** steuern Deine ***Emotionen*** und Deine ***Emotionen*** haben großen Einfluss auf Deine ***Handlungen*** und damit Deine ***Ergebnisse.***

Deine eigentliche Aufgabe auf dem Platz

Was ist somit Deine eigentliche Aufgabe auf dem Golfplatz?

Einen guten Schlag zu machen?
Ein gutes Ergebnis zu spielen?

Die Antwort lautet: ja und nein. Natürlich ist es das Ziel, ein gutes Ergebnis zu erzielen. Doch direkt beeinflussen im Sinne von erzwingen oder bestimmen kannst Du es nicht.

Deine *eigentliche* Aufgabe ist, Deine Gedanken zu steuern! Denn *diese* hast Du unter Kontrolle – resp. kannst Du unter Kontrolle haben. Das steht in Deiner Macht. Du entscheidest. Kontrollierst Du Deine Gedanken oder kontrollieren Deine Gedanken Dich.

2.4 Das Stapelmodell

Wir haben in den letzten Kapiteln das Thema schon kurz angerissen, welche Bedeutung unsere Gedanken haben – letzten Endes also die neuronalen Verbindungen in unserem Gehirn und die Bahnen, die sich in dieser Struktur ausbilden und verfestigen.

Um aus allen Techniken aus diesem Buch das Maximale herauszuholen, ist es wichtig, dass Du Dir klarmachst, warum wir so denken, wie wir eben denken. Im Durchschnitt haben wir also, wie schon erwähnt, ca. 60.000 Gedanken pro Tag. Und wie erwähnt, müssen wir zwischen bewusster und unbewusster Wahrnehmung unterscheiden. Jede Information, die wir bewusst oder unbewusst aufnehmen, wird im Gehirn als neuronale Verbindung gespeichert. Diese *neuronalen Verbindungen* nennen wir hier der leichten Verständlichkeit halber im metaphorischen Sinne „Stapel", da sie sich quasi zu positiven oder negativen Clustern kumulieren lassen. Solche „Stapel" können positiv, neutral oder negativ sein. Einige Stapel sind sehr klein, weil wir noch keine umfangreichen Erfahrungen mit diesem Thema gemacht haben. Andere sind richtig groß, da wir damit starke Emotionen verbinden und bereits sehr viel Erfahrung mit diesem Thema gesammelt haben.

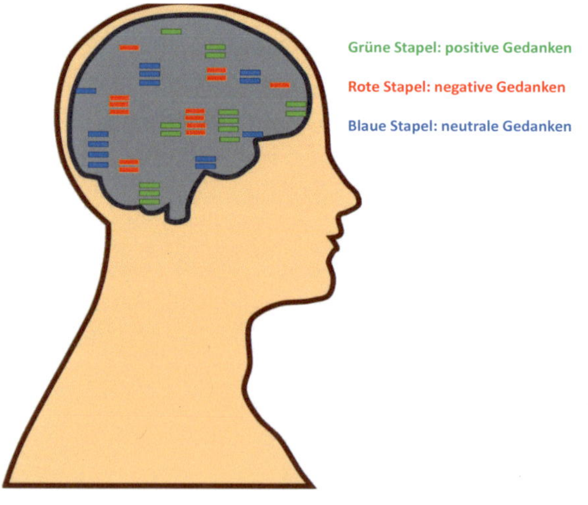

Abb. 8: Modell der „Stapel"
Quelle: eigene Darstellung / Ableitung Wolfgang Reichl – Stapelmodell

Gehen wir mal davon aus, dass unser Hirn nicht gerne die Stapel ändert und ungern neue Stapel anlegt.

Es wird geschätzt, dass wir zu über 90 Prozent das Gleiche wie am Vortag denken. Unser ganzes Leben lang! Und lediglich ein Bruchteil unserer Gedanken sind aufbauend und positiv.

Unser Gehirn unterscheidet nicht zwischen der reinen Vorstellung und einer physischen Handlung.

Dazu ein kleines Beispiel: Angenommen, Du hast schon seit langer Zeit große Probleme mit dem ersten Abschlag eines Turniers. Woran denkst Du beim Aufwärmen und während Du am ersten Abschlag stehst? Ich bin mir sicher, dass Du nicht denkst: „Ja! Heute wird der Schlag mitten auf dem Fairway landen?" Sondern eher: „Oh je, nicht schon wieder, jedes Mal geht der erste daneben, hoffentlich versau ich mir damit nicht die ganze Runde."
Lass uns das in Zusammenhang mit den „Stapeln" bringen: Natürlich ist der Stapel bei Dir jetzt schon sehr groß. Er wächst täglich weiter mit diesen absolut destruktiven Gedanken.
Jedes Mal, wenn Du am ersten Abschlag stehst, bekommst Du sofort genau die Bilder geliefert, wie oft dieser Schlag schon danebenging. Das muss in dieser Situation nicht einmal stimmen. Vielleicht war es nur einmal in den vergangenen zehn Runden. Aber Dein Unterbewusstsein interessiert die Statistik nicht. Du hast es auf diesen einen Schlag programmiert.

Das geht jetzt so lange weiter, bis Du Dich entscheidest, einen neuen „Stapel" anzulegen und eine andere Bedeutung für den ersten Abschlag zu finden. Du musst einen großen Bogen um diesen Stapel machen. Wir kommen noch darauf zurück, wie das funktioniert. An dieser Stelle ist es nur wichtig, dass wir verstehen, wie unser Gehirn funktioniert.

Wie wäre es, wenn es ganz einfach wäre, einen neuen „Stapel" anzulegen. Einen neuen positiven Stapel für den ersten Abschlag, der Dir Energie und Zuversicht verleiht. Was passiert mit diesem Stapel und wie wirkt sich das auf den großen negativen Stapel aus, wenn ich ab jetzt beim ersten Abschlag immer den positiven Stapel aktiviere? Klare Sache: Der neue Stapel wird jeden Tag wachsen und der alte, negative Stapel wird jeden Tag etwas kleiner! Das funktioniert völlig automatisch. Unser Gehirn folgt einzig und allein den Befehlen, die wir ihm geben – bewusst und unbewusst.

Die Stapel in unserem Gehirn funktionieren wie ein Muskel.

Wenn Dein Gehirn „bemerkt", dass der alte negative Stapel seltener oder gar nicht mehr gebraucht wird, wird es ihn nach und nach abbauen. Er wird nie völlig verschwinden, aber er kann bis auf ein Minimum reduziert werden. Zugleich „merkt" das Gehirn, dass für den ersten Abschlag jetzt der neue Stapel viel häufiger gebraucht wird. Er wächst. Umso größer ein Stapel ist, desto stärker ist dessen Einfluss. Je kleiner, desto unbedeutender. Dahinter stecken komplexe biochemische Prozesse, aber prinzipiell gesehen, ist das Thema einfach, wie ich hier gerade beschreibe. Ich gebe Dir ein zweites Bild dazu. Deine Stapel funktionieren exakt wie ein Muskel in Deinem Körper. Wenn Du regelmäßig ins Fitnessstudio gehst und Deinen Oberschenkel trainierst, wird er immer weiter wachsen und immer kräftiger werden. Wenn Du nicht mehr trainierst, wird er immer kleiner und schwächer werden.

2.5 Selektive Wahrnehmung

Jetzt haben wir bereits darüber gesprochen, wie unser Gehirn grundsätzlich funktioniert. Wie Informationen und unsere Glaubenssätze gespeichert werden. Und wir haben verstanden, dass unser Gehirn in der Lage ist, die Größe der „Stapel" jederzeit zu verändern.

Wie kommen die Informationen aber jetzt in unser Gehirn und wie werden sie auf die verschiedenen Stapel verteilt?

Die kleinste Informationseinheit ist das Bit. Und Informationen nehmen wir über alle unsere Sinneskanäle auf. Der Mensch nimmt im Schnitt pro Sekunde elf Millionen Bits auf. Das bedeutet elf Millionen Bits donnern jede Sekunde in unser Gehirn. Dort werden sie in etwa 230 Millisekunden verarbeitet. Das ist viel zu viel, um diese Informationen bewusst wahrzunehmen.

Deswegen trifft unser Gehirn für uns eine Vorauswahl und speichert den größten Teil ab. Lediglich 50 Bits können wir tatsächlich bewusst wahrnehmen.

Wichtig: der Informationsfilter

Und wie filtert das Gehirn die Informationen, wenn wir keinen Einfluss auf den Prozess haben? Welche Bedeutung hat es in diesem Zusammenhang, es täglich mit positiven Emotionen, Gefühlen und Gedanken zu füttern?

Das Gehirn entscheidet nicht darüber, was gut oder schlecht ist. Es sortiert und sieht nach, welche Stapel am größten sind. Auf dieser Grundlage trifft es die Auswahl darüber, welche Informationen wir bewusst wahrnehmen können. Ein sehr positiver Mensch hat überwiegend positive Stapel verankert. Sein Gehirn wird überwiegend Positives herausfiltern.

Die Stapel haben eine weitere Eigenschaft. Jeder Stapel strahlt Energie aus, die dessen Umgebung beeinflusst. Die Energie von überwiegend positiven Stapeln können so die kleineren negativen und neutralen Stapel beeinflussen. Sie können so verkleinert werden.

Die Energie der einzelnen Stapel überträgt sich auch auf alle anderen Stapel in unserem Gehirn.

Das gilt aber eben auch, wenn Du überwiegend negative Stapel angelegt hast. Solange Du nicht bewusst etwas änderst, wirst Du Dich gedanklich in einem Hamsterrad bewegen, das sich immer in die gleiche Richtung dreht und immer schneller wird.

Wenn Du am ersten Abschlag immer total verunsichert bist und nur Hindernisse siehst, sorgt die Energie dieses Stapels dafür, dass Du bald auch am zweiten, dritten oder vierten Abschlag die gleichen Gedanken und Gefühle hast. Obwohl das alles nur von einem einzigen negativen Gedanken ausgelöst wurde.

Die gute Neuigkeit: Dein Bewusstsein kann Dein Unterbewusstsein beeinflussen. Dein Unterbewusstsein muss Dich also nicht das ganze Leben lang kontrollieren. Aber das muss man erst einmal verstehen, dass wir sozusagen den ganzen Tag auf Autopilot laufen und es nicht einmal merken.

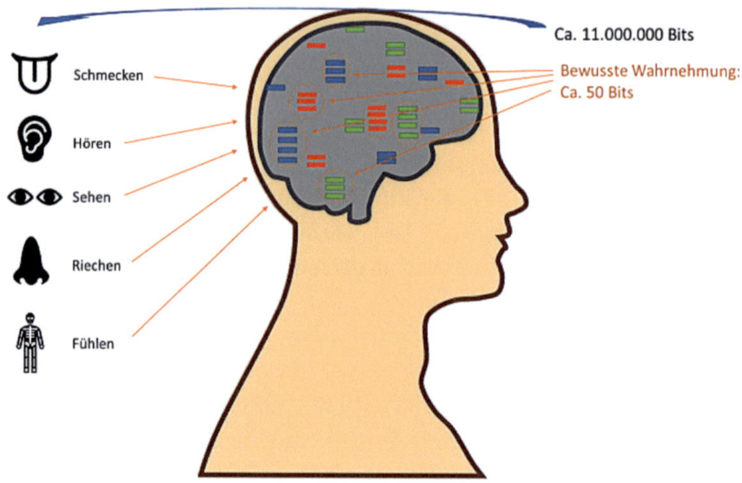

Abb. 9: Selektive Wahrnehmung
Quelle: eigene Darstellung / Ableitung Stapelmodell Wolfgang Reichl

Wie Du diesen Teufelskreis durchbrechen kannst, verrate ich Dir in den nächsten Kapiteln. So wirst Du lernen, wie Du mit immer mehr Selbstvertrauen und Selbstsicherheit am Abschlag stehst.

2.6 Die vier Stufen der Kompetenzentwicklung

Weg vom Golf, rein ins Auto: Als Teenager hast Du Dich im sogenannten Stadium der unbewussten Inkompetenz nach dem **Kompetenzstufenentwicklungsmodell** aus der Entwicklungspsychologie befunden. Zumindest, was das Autofahren betrifft. Du wusstest zu diesem Zeitpunkt noch nicht, dass Du gar nicht die Fähigkeit besitzt, ein Auto zu fahren.

In der ersten praktischen Fahrstunde hast Du dann die nächste Kompetenzstufe erreicht. Nun weißt Du nämlich, dass Du noch kein Auto fahren kannst: Das ist die Stufe der bewussten Inkompetenz. Es wird Dir bewusst, wenn Du die ersten Runden auf dem Parkplatz übst.

Anfahren, Schulterblick, einen Gang einlegen und die Kupplung kommen lassen: Das sind alles völlig neue Themen für Dich. In der Summe eine ziemliche Herausforderung. Übung macht aber den Meister.

Nach einigen Fahrstunden geht alles schon viel flüssiger. Du hast ein Gefühl für die Kupplung bekommen, weißt jetzt, wann Du den Schulterblick setzt, und würgst den Wagen auch seltener ab. Du schwitzt viel weniger hinter dem Steuer, weil es Dich auch nicht mehr so anstrengt.

Rund um den Tag, an dem Du Deine Führerscheinprüfung bestanden hast, erreichst Du die nächsthöhere Kompetenzstufe. Die bewusste Kompetenz. Dir ist nun bewusst, dass Du Auto fahren kannst.
Aber rund um die Abläufe am Steuer musst Du noch viel nachdenken: Gangwechsel, Blinker setzen, Blick in den Rückspiegel. Du bist noch nicht auf der nächsten, der vierten Kompetenzstufe angelangt.

Während der zeitliche Abstand zwischen der ersten und der dritten Kompetenzstufe sehr individuell ist, scheint der Schritt zur vierten Stufe fast in Stein gemeißelt.
Nach ziemlich genau 100 Tagen etabliert sich bei uns Menschen eine neue Gewohnheit. 100 Tage benötigen wir, um aus einer bewussten Kompetenz eine unbewusste Kompetenz zu machen.

Lernziel: unbewusste Kompetenz
Im Stadium der unbewussten Kompetenz musst Du nicht mehr über die Dinge nachdenken, die Du tust, Du machst sie einfach. Dein Unterbewusstsein hat das Denken für Dich übernommen. Unser Gehirn speichert diese Gewohnheiten nach einer gewissen Zeit ab. „Kupplung, Gang, Kupplung kommen lassen, Gas betätigen usw." Das läuft jetzt schon automatisch. Um wertvolle Energie zu sparen, übergibt das Gehirn die Abläufe an das Unterbewusstsein. Das Schöne daran ist, unser Unterbewusstsein kann viel besser Auto fahren als wir. Ich bin mir sicher, dass Du heute keine Sekunde darüber nachdenkst, wann Du schalten solltest. Du machst es einfach, ganz automatisch.

Die vier Stufen der Kompetenzentwicklung im Golf

Diese vier Stufen der Kompetenzentwicklung gelten für alles, was Du lernst und tust.

Bevor Du angefangen hast, Golf zu spielen, wusstest Du nicht, dass Du es einfach nicht kannst. Mit den ersten Schlägen wurde Dir das schlagartig klar. Doch nach einigen Stunden, Tagen und Wochen des Trainings stellst Du fest, so schwer ist es gar nicht.
Du fängst an, den Ball ganz ordentlich von A nach B zu bewegen, wenn Du an den Griff, die Schulterdrehung, Ausrichtung, die Hände am Ende des Aufschwungs und an Deine Endposition denkst.

Du wirst nie so gut Golf spielen wie Dein innerer Profi.

Dein Unterbewusstsein kann übrigens nicht nur viel besser Auto fahren als du, sondern spielt auch noch viel besser Golf!
Damit Du die vierte Kompetenzebene erreichst, reicht es nicht, jede Woche neue Schwungoptimierungen vorzunehmen. Denn mit jeder Schwungänderung durchläufst Du wieder die vier Kompetenzebenen.

Das meiste Potenzial steckt in der vierten Stufe

Leider kommen beim Golf viele gar nicht erst bei der vierten Ebene an. Dabei steckt gerade darin das größte Entwicklungspotenzial.

Das Ziel auf der Runde ist es, in den Flowzustand zu kommen.

Denn in der vierten Ebene entsteht der sogenannte Flow. Ein Zustand, bei dem Du in einem absoluten Tunnel bist und bewusst nichts anderes mehr wahrnimmst. Wenn Du eine Änderung an Deinem Schwung vornimmst, musst Du ihr auch die Chance geben, zu wirken und Dich besser zu machen.
Egal welche Änderung Du in den vergangenen Wochen vorgenommen hast oder an welchem Aspekt Du gerade an Deinem Schwung arbeitest: Ich bitte Dich, Dich die nächsten 100 Tage nur darauf zu konzentrieren.

Trainingsziele nacheinander setzen

Du kannst nicht parallel an fünf Baustellen arbeiten und erwarten, dass alles sofort funktioniert.

Widme Dich einer Baustelle nach der anderen, bis Du soweit bist, dass Dein Unterbewusstsein übernehmen kann.

Wenn Du also momentan an Deinem Set-up arbeitest und Deine Schulter in der Ansprechposition ein wenig mehr schließen möchtest, um am Ende des Aufschwungs eine flachere Armebene zu erlangen, dann arbeite die nächsten 100 Tage nur an dieser Sache!

So planst Du Deine Fortschritte und so machst Du auch tatsächlich Fortschritte!

Einer der größten Mythen im Golf lautet, dass man technisch alles richtig machen muss, um gutes Golf spielen zu können. Das ist einfach falsch. Aus meiner Sicht verdienen viele Spieler mit dem Golf Geld, sind aber wirklich weit weg von einem perfekten Golfschwung. Auch Profis nehmen Schwungänderungen vor. Aber sie nehmen nie mehr als einen Schwunggedanken mit ins Turnier. Sie wissen, dass sie mehr auch gar nicht verarbeiten können. Zudem besitzen sie großes Vertrauen in sich und ihre Fähigkeiten. Sie wissen, dass ihr Unterbewusstsein exakt weiß, was zu tun ist. Und wenn sie sich nur auf ihr Unterbewusstsein verlassen würden, würden sie wohl das beste Golf ihres Lebens spielen.

Es ist viel besser, wenn Du Dich darauf fokussierst, Deine bewussten in unbewusste Kompetenzen zu verwandeln, anstatt immer weiter Themen anzuhäufen, über die Du bewusst nachdenken musst.

Gib Dir 100 Tage Zeit, um aus einer bewussten Kompetenz eine unbewusste Kompetenz zu machen. Du musst an diesem Tag nicht unbedingt physisch trainieren. Du kannst Dir auch zu Hause 15 Minuten Zeit nehmen und nur über Deine Bewegung bzw. die Veränderung nachdenken, die Du herbeiführen möchtest.

Und da ich kein Freund von rein theoretischen Ansätzen bin, möchte ich noch meine 5. Kompetenzebene vorstellen. Ich nenne diese

Ebene *Profi sein*. Wenn Du ein Profi in etwas werden willst, benötigst Du weit mehr als 100 Tage.

Du brauchst 10.000 Stunden. 10.000 Stunden, die Du nur mit einer Sache verbringst. Wenn Du diese Zeit in Dein Golfspiel investieren kannst und willst, wirst Du unweigerlich zu den besten Golfern gehören.

Das Verrückte an unserem Sport ist, dass er so facettenreich ist. Du hast Deinen Schwung, das lange Spiel, das Pitchen, das Chippen, die Bunkerschläge, die Putts. Im Bereich Taktik und Coursemanagement kannst Du noch so viel lernen. Und dann gibt es noch das mentale Spiel. Nur wenn Du alle Komponenten zusammenbekommst, hast Du die Chance, einer der besten Golfer zu werden.

4 Kompetenzebenen

Unbewusste Inkompetenz ⇔ Ich weiß nicht, dass ich es nicht kann.

⇩

Bewusste Inkompetenz ⇔ Ich weiß, dass ich es nicht kann.

⇩

Bewusste Kompetenz ⇔ Ich weiß, dass ich es kann.

⇩

Unbewusste Kompetenz ⇔ Ich weiß „nicht", dass ich es kann.

⇩

Profi

Abb. 10: Kompetenzstufenentwicklungsmodell

Quelle: eigene Darstellung / Ableitung Kompetenzstufenentwicklungsmodell

2.7 Der beste Caddie der Welt

Jahrelang stand ich den ganzen Tag auf der Driving Range und habe an meinem Schwung gefeilt. Zufriedenheit war mir ein Fremdwort, Perfektion war der Maßstab. Egal wie gut ich den Ball getroffen habe und egal was ich mit dem Ball alles machen konnte, es gab immer eine Kleinigkeit, die mir nicht gefallen hat. Wochenlang habe ich zwischen 14 und 16 Greens in Regulation getroffen, aber da war dieser leicht abgelegte Schaft am Ende des Aufschwungs, an dem ich arbeiten musste. Natürlich ging es nach der Runde wieder auf die Driving Range, um weiter daran zu arbeiten.

Vergleichen macht nicht froh

Ich verglich meinen Schwung mit Tiger Woods, Rory McIlroy und Adam Scott. Meiner Meinung nach drei geborenen Golfspieler. Bei denen sieht das nicht nur perfekt aus. Es wirkt auch noch so beeindruckend natürlich. Bei mir hingegen ist der Schläger oben zu flach und unten zu steil. Und es wird nicht wirklich besser auf der Range.
Wenn ich damals nur einen Bruchteil von dem gewusst hätte, was ich heute weiß, wäre ich deutlich häufiger mit einem breiten Grinsen nach Hause gegangen.

Damit sich Deine Vorstellungskraft verbessern kann, lass uns das doch gleich mal üben. Wir stellen uns folgendes Szenario vor: Dein Golfschwung ist Dein Lebenspartner.
Also los geht's: Du kommst nach Hause. Und schon beim Hereinkommen übst Du erst mal saftige Kritik. „Schatz, Dein Auto steht schon wieder nur mit dem halben Reifen auf dem Bordstein, habe ich gesehen."
„In der Küche steht immer noch ein Glas rum, das wolltest Du vorhin doch schon wegräumen."
„Also, die Blumenbeete sehen aber ziemlich schlimm aus, das hast Du wohl nicht im Griff."

... Du verstehst, was ich meine.

Wie würde sich Dein Partner nach einer gewissen Zeit fühlen? Wie läuft Eure Beziehung?
Klarer Fall: Das Selbstvertrauen Deines Partners nimmt durch die ständige Kritik auf jeden Fall von Tag zu Tag ab.

Du musst einen anderen Umgang mit Dir selbst lernen
Und wieder zum Golf: Wenn Du so mit Deinem Golfschwung umgehst, gehst Du so auch mit Dir um!
Wenn Du besseres Golf spielen willst, musst Du anders mit Dir umgehen. Richte Deinen Fokus auf die positiven Dinge.

Behandle Dich so, als wärst Du nicht nur Spieler, sondern auch Dein eigener Caddie.

Und wieder eine Story aus meinem eigenen Werdegang: Ich war wahrscheinlich das beste Beispiel dafür, wie man es nicht machen sollte. Ich habe jedem einzelnen Schlag eine so große Bedeutung beigemessen und bei schlechten Schlägen mich selbst regelrecht fertiggemacht. So wird es aber verdammt schwer, besser zu spielen, wenn der Fokus nur auf die negativen Aspekte ausgerichtet ist. Vom Verstand her hatte ich es schon verstanden, als mir gesagt wurde, dass mein Verhalten nicht dazu führt, dass ich besser Golf spiele. Und schon gar nicht, dass es mir dabei gut geht. Aber so richtig *in der Tiefe* verstanden habe ich das erst, als jemand zu mir sagte: „Yannick, stell Dir doch einfach vor, Du wärst Dein eigener Caddie. Was macht ein guter Caddie für Dich aus, was sagt er Dir nach einem schlechten Schlag. Beleidigt er Dich?"

Ein guter Caddie beleidigt nicht
Darüber habe ich länger nachgedacht. Ich war genauso oft Caddie für jemanden anderen, wie ich auch selbst einen Caddie hatte. Und ich kann Dir garantieren, dass ich noch nie meinen Spieler beleidigt oder ihm etwas Negatives gesagt habe. Und genauso wenig hat mich schon mal mein Caddie beleidigt.

Ich glaube wir sind uns einig, dass Dein Caddie Dir niemals etwas sagen würde wie: „Der Schlag war ja mal so richtig schlecht" oder „Was bist Du denn für ein Idiot, wie kann man den Ball dahin schlagen?"

Es ist sicherlich nicht einfach, diese Gewohnheit, mich selbst zu „beleidigen", abzulegen, denn diesen „Stapel" – diese neuronale Verbindung – habe ich über Jahre so starkgemacht, dass er nicht von heute auf morgen verschwindet. Aber ich habe mir geschworen, dass ich jeden Tag daran arbeite, dass er immer kleiner wird.

Du bist Dein bester Caddie

Können wir uns darauf einigen, dass das Deinem Golfspiel absolut nicht hilft und Du das in Zukunft nicht mehr tun wirst? Der beste Caddie der Welt ist trotzdem nicht so gut wie Du! Keiner kennt Dich besser als Du Dich selbst. Deshalb kann auch niemand für Dich ein besserer Caddie sein als Du selbst.

Stell Dir vor, Du stehst auf Loch Nummer 16 Deines Heimatplatzes und Dir gelingt ein sensationeller zweiter Schlag. Der Ball war perfekt getroffen und landet tot neben der Fahne. Tap-in zum Birdie. Was würde ein guter Caddie jetzt zu Dir sagen?
Tja, er oder sie wäre wohl kaum ein guter Caddie, wenn er oder sie jetzt einfach schweigen würde. Ich würde jedenfalls zumindest eine lobende Aussage erwarten. Zumindest ein „super Schlag" oder „sehr gut gemacht".

Wie gehst Du mit Dir selbst als Golfer um?

Sagst Du Dir das nach einem guten Schlag – „Sehr gut gemacht"? Lobst Du Dich dafür oder nimmst Du den Schlag einfach hin? Ballst Du nach einem guten Schlag die Faust und sagst Dir laut, „saustark" oder so etwas? Wie sieht das bei Dir aus? Wie reagierst Du auf gute Schläge?

Die Reaktion auf gute Schläge ist für die Umprogrammierung unseres Unterbewusstseins genauso wichtig wie die Reaktion auf schlechte Schläge: Es speichert Deine Reaktion auf das Ereignis!

Unsere Ausgangslage war ja, dass wir die neuronale Verbindung für die schlechten Golfschläge schwächen, also diesen „Stapel" verkleinern wollen, dafür aber die Verbindung für „gute Schläge" stärken wollen.

Dein Unterbewusstsein speichert nicht Deine Schläge, sondern Deine Reaktion auf Deine Schläge ab.

Das erreichen wir, in dem wir uns nach einem guten Schlag auch dafür loben. Du musst nicht laut herumschreien, was für eine Golfgöttin oder ein Golfgott Du jetzt bist. Es genügt völlig, wenn Du Dich innerlich dafür lobst. Zu Dir sagst, dass das ein richtig guter Schlag war. Wiederhole es, so oft Du kannst.

Es gibt viele Möglichkeiten für (Eigen-)Lob

Lobe Dich generell, so oft Du kannst. Ein guter Schlag muss kein Schlag des Jahres sein. Wenn Du ein sehr aggressiver Spieler bist und normalerweise keinem Risiko aus dem Weg gehst, kannst Du Dich auch mal dafür loben, den Ball gut vorgelegt zu haben. Du hast eine gute Entscheidung getroffen, auch das verdient Anerkennung.

Vergiss nicht, dass wir auf dem Golfplatz nicht alles in der Hand haben. Wir haben keinen Einfluss auf das Wetter, auf unsere Mitspieler oder darauf, was der Ball macht, nachdem er das Schlägerblatt verlassen hat. Auch der beste Schlag Deines Lebens kann unglücklicherweise einen Sprinklerdeckel treffen und ins Aus springen.

Verwandle Dich in Deinen besten Caddie

So etwas liegt nicht in unserer Macht. Alles, was Du tun kannst, ist Dein Ding durchzuziehen und aus allem, was kommt, das Beste zu machen. Du kannst vor dem Schlag eine Entscheidung treffen, diese mit absoluter Überzeugung durchziehen. Mit Deiner ganzen Routine und Deiner Vorbereitung auf diesen Golfplatz.

Verwandle Dich in Deinen besten Caddie und Du wirst Dich spielerisch weiterentwickeln. Lobe Dich für Deine Entscheidungen, Deine Geduld, Deinen Mut, Deine Konsequenz und natürlich Deine Schläge. Aber lasse nicht zu, dass Deine Schläge Deine Stimmung kontrollieren. Du bist der Spieler und Du sitzt am Steuer, Du entscheidest über Deine Emotionen!

In einem anderen Kapitel gebe ich Dir später noch eine Gebrauchsanweisung für den Umgang mit schlechten Schlägen an die Hand.

2.8 Bilder sagen mehr als 1.000 Worte

Jack Nicklaus, der erfolgreichste Golfspieler aller Zeiten, ist ein Meister der Visualisierung. Er macht nie einen Golfschwung, ohne ihn vorher im Geiste ausgeführt zu haben. Er sagt dazu: „Er gehe in sein geistiges Kino."
Für ihn ist dabei die Reihenfolge der Visualisierung entscheidend:

- Zunächst entscheidet er, wo der Ball landen soll – und anschließend visualisiert er den exakten Flugweg zu genau diesem Punkt. Jedes Detail ist dabei wichtig.
- Nachdem er den Schlag vor seinem geistigen Auge durchgespielt hat, stellt er sich noch seinen Schwung vor, den er für diesen Schlag benötigt.

Dieser Ablauf seiner Visualisierung ist für ihn zu einem unverzichtbaren Teil seiner Vorbereitung für jeden einzelnen Golfschlag geworden: „Ich schlage nie einen Ball, selbst nicht beim Training, ohne ein sehr scharfes und klares Bild von dem Schlag in meinem Kopf zu haben.
Es ist wie ein Farbfilm. Erst sehe ich den Ball am gewünschten Landeort, dann wechselt die Szene schnell und ich sehe den Ball, wie er dorthin fliegt, dann wird ausgeblendet und die nächste Szene zeigt mir, wie ich den Schwung ausführe, der die vorausgegangenen Bilder in die Wirklichkeit umsetzt."

Beachte die Reihenfolge seiner Vorbereitung. Er geht quasi vom Zielort über die Flugbahn zurück zu seinem Ball und das letzte Bild, das er vor seinem Auge sieht, ist sein eigener Schwung. Dieser Schwung, der dem Ball genau die vorher visualisierte Flugkurve verleiht, um genau an dem Punkt zu landen, den er für sich festgelegt hat.
(Quelle: Terry 1990, S. 67 f.)

Spitzensportler nutzen Mentaltrainer
Zu den Zeiten von Jack Nicklaus hätte niemals jemand öffentlich darüber gesprochen, dass er mit einem Mentaltrainer zusammenarbeitet. Heute ist das anders. Nahezu alle Spitzensportler haben einen Coach, weil sie erkannt haben, wie wichtig dieser Teil des Spiels ist. Einige behaupten, dass ihre Erfolge nicht möglich wären, ohne tägliche Visualisierungsübungen.

Hätte ein Jack Nicklaus wohl 18 Majors gewonnen, wenn er nicht jeden Schlag visualisiert hätte? Erstaunlich ist, dass die erfolgreichsten Sportler immer wieder über den Zusammenhang zwischen ihrer inneren Einstellung, ihrem Selbstvertrauen, ihren visualisierten Zielen und ihren Erfolgen sprechen. Jack Nicklaus behauptet sogar, dass der Erfolg beim Golf zu 50 Prozent von der Visualisierung, zu 40 Prozent von der Vorbereitung und nur zu 10 Prozent vom Schwung abhängt. Ich bin mir sicher, dass da etwas dran sein muss, wenn ein 18-facher Major-Sieger das für sich herausgefunden hat.

Was bringt Dir eine Visualisierung?
Die Bilder, die Du Dir vorstellst, werden an Dein Unterbewusstsein weitergeleitet. Sie werden direkt dem Stapel „gute Schläge“ gutgeschrieben. Dieser Stapel erhöht sich mit jedem positiven Erlebnis, mit jedem guten Schlag. Egal, ob Du ihn gerade tatsächlich ausgeführt hast oder ihn Dir nur vorstellst. Durch die Visualisierung Deines Schwungs verbesserst Du Deine physischen Fertigkeiten. Deine Zweifel werden weniger. Die Visualisierung verkürzt Deine „Lernzeit“ eines neuen Bewegungsablaufs. Und macht sie sicherer.

Visualisierungen werden selbsterfüllende Prophezeiungen
Was Du Dir vor Deinem geistigen Auge vorstellen kannst, verleiht Deinen Zielen mehr Glaubwürdigkeit. Deine Bilder werden zur selbsterfüllenden Prophezeiung. Du reduzierst Nervosität und Stress bei einem Wettkampf. Dein Fokus ist nur auf eine Sache gerichtet. Das Hier und Jetzt, auf den wichtigsten und einzigen Schlag, der zählt: den nächsten.

Abgesehen von Deinem Schlag kannst Du alles visualisieren, was Du erreichen möchtest. Es ist sogar notwendig, dass Du Deine Ziele (siehe das erste Kapitel) regelmäßig visualisierst. Denn nur das, was wir uns vorstellen können, halten wir auch für erreichbar.

Visualisiere Deine Ziele täglich

Visualisiere Deine Ziele in regelmäßigen Abständen. Am besten jeden Tag. Es muss nicht unbedingt um Dein Golfspiel gehen. Nimm Dir ein paar Minuten nur für Dich.

Wenn Du mehr erreichen möchtest, musst Du zuerst einmal Deine Vorstellungskraft trainieren.

Greife zu dem Buch, in dem Du Deine Ziele notiert hast, und versetze Dich genau in jene Situation, wenn Du Dein lang ersehntes Ziel gerade erreicht hast.
Male es Dir genau aus. Wie ist das Gefühl, das Ziel erreicht zu haben? Spüre und fühle den Moment. Stelle Dir die Details vor: Wie ist das Wetter in diesem Moment? Was hast Du gerade an? Wie siehst Du gerade aus? Sauge es förmlich auf.

Visionäre Vorbereitung auf Dein Golfturnier

Genauso kannst Du Dich auch auf ein Golfturnier vorbereiten: Gehe im Kopf das Turnier durch, jeden einzelnen Schlag. Wo schlägst Du den Ball hin? Mit welchem Schläger? Mit welcher Kurve? Wie ist das Wetter dabei? In welchem Zustand ist der Platz? Was hast Du an?
Gehe jeden Schlag durch. Visualisiere Deinen Schwung und visualisiere Deinen Schlag. Wie hast Du den Ball getroffen, wie war das Gefühl in dem Moment?

Nur das, was wir uns auch vorstellen können, halten wir auch für möglich.

Wenn Du einige Tage später das Turnier tatsächlich spielst, wirst Du viel besser vorbereitet sein als alle anderen.
Du hast jeden Schlag, an jedem Loch schon einmal ausgeführt, wie Du es möchtest. Du bist perfekt vorbereitet.

Vielleicht erscheint Dir diese Art der Vorbereitung fremd, und es mag Dich auch einiges an Überwindung kosten, es wirklich auszuprobieren. Es wird sich am Anfang wahrscheinlich auch merkwürdig anfühlen. Aber gerade dann, wenn Du dieses Gefühl hast, ist Dein Wachstumspotenzial in diesem Bereich am größten.

Die besten Spieler der Welt haben gedanklich schon das Turnier gewonnen, bevor sie dort überhaupt angetreten sind. Erst dann, wenn Du es in Deinen Gedanken zulässt und Dich selbst für „gut genug" hältst, bist Du auch wirklich bereit für den Sieg.
Bevor Du auf dem Platz besseres Golf spielst, musst Du in Deinen Gedanken besseres Golf spielen.

Noch ein überzeugendes Beispiel: Um herauszufinden, wie Visualisierung wirkt, hat der australische Psychologe Alan Richardson ein 4-wöchiges Experiment durchgeführt. Er teilte ein Basketballteam in drei Gruppen ein. Gruppe 1 sollte gar nichts machen. Kein körperliches Training, kein mentales Training. Gruppe 2 trainierte an fünf Tagen die Woche für 20 Minuten Freiwürfe. Gruppe 3 visualisierte das Training lediglich. Sie stellten sich nur vor, wie sie von der Freiwurflinie die Bälle im Korb versenken. Ihre Übung dauerte ebenfalls 20 Minuten an fünf Tagen.

Das Resultat ist erstaunlich.

Die Leistungssteigerung der Gruppe 1 lag – wenig überraschend – bei 0 Prozent. Bei Gruppe 2 bei 24 Prozent und bei der Gruppe 3 bei 23 Prozent.

Überraschend, oder? Lediglich ein Prozent trennt die Gruppe, die das Training „nur" visualisiert hat, von den Spielern, die jeden Tag in der Halle standen und tatsächlich körperlich trainiert haben.

Überleg einmal, wie hoch die Leistungssteigerung der zweiten Gruppe gewesen sein könnte, wenn sie nicht nur körperlich, sondern auch mental trainiert hätte?

2.9 „Fake it, 'til you make it"

Alles, was Du im Leben erreichen möchtest, musst Du zweimal erleben. Zuerst erlebst Du es in Deiner Vorstellung und dann wird es Realität. Jack Nicklaus ist der König dieses Satzes. Jack Nicklaus ist nicht nur der beste Golfspieler aller Zeiten, er war auch einer der besten Putter aller Zeiten. Er behauptet von sich, niemals einen Meterputt in einem Turnier vorbeigeschoben zu haben.
Wahrscheinlich war das gelogen. Aber wie tief muss ein Mensch in seiner eigenen Realität abgetaucht sein, um einem Reporter zu sagen, er habe noch nie einen Meterputt in einem Turnier verschoben.

Vorstellung ist überzeugend
Ich finde das bewundernswert. Er hat in seiner Vorstellung noch nie einen Putt aus dieser Entfernung vorbeigeschoben. Punkt. Unabhängig davon, ob das tatsächlich stimmt. Das ist mentale Champions League. Die eigene Wahrnehmung so weit beeinflussen zu können, sich nur noch auf die positiven Dinge zu fokussieren und den negativen überhaupt keinen Raum mehr im Kopf zu geben.
Wenn Du dort angekommen bist, ist Dein Spiel auf einem neuen Level, das garantiere ich Dir.

Die Bilder, die Du in Deinem Kopf hast, von Deinem Schwung, von Deinen Schlägen, von Deinen Putts, sind überzeugend und entscheidend! Diese Bilder hast Du Dir selbst eingepflanzt. Es sind Deine Erfahrungen. Es ist Dein innerer Dialog. Es ist Deine Reaktion auf einzelne Schläge, also Dein Fokus und die Bedeutung, die Du jedem einzelnen Schlag schenkst.

Deine mentalen Bilder müssen besser werden
All das trägt zu Deinem mentalen *Ist*-Zustand bei. Wenn Du besser werden willst, müssen erst Deine Bilder, Deine Gedanken, Deine Vorstellung besser werden. Du wirst niemals die Kontrolle über den Golfball haben, aber Du kannst die Kontrolle über Deine Gedanken haben. Und damit dafür sorgen, dass Deine Schläge besser werden.

„Tu so, als ob, bis Du es wirklich kannst"
„Fake it 'til you make it" – Tue so, als ob Du keinen Putt mehr unter eineinhalb Metern verschieben würdest. Du lochst einfach jeden ein. Ob bei kurzen oder langen Putts, Du lochst auch sehr viele lange Putts. Und wenn sie nicht reingehen, dann liegen sie tot neben dem Loch.
Das muss Dein neues Mindset sein, wenn Du in Zukunft besser putten willst.
Denke an Jack Nicklaus.
Schreibe Dir gerne die beiden Sätze auf:

> *Ich bin ein genialer Putter!*
> *Unter zwei Metern loche ich jeden Putt!*

Wenn Du Dir diese beiden Sätze sagen kannst, ohne dabei ein komisches Gefühl zu haben, und Dir parallel Bilder ausmalen kannst, die Dich dabei zeigen, wie Du einen Putt nach dem anderen lochst, dann wirst Du unweigerlich besser.

Visualisierung lebt von der Wiederholung
Visualisierung ist wie Fitnesstraining. Wenn ich einen Muskel nicht trainiere, kann ich auch nicht erwarten, dass er wächst. Wenn Du Deinen Schwung, Deine Runde, Deine Putts nicht regelmäßig visualisierst, wird es auch nicht funktionieren, wenn es darauf ankommt.

Überzeugende Beispiele
Training ist wie immer das Zauberwort.

Der Musiker Ed Sheeran füllt heute ganze Stadien. 2015 twitterte er: „Give me a few years, I've got some big plans."

Damals war er Straßenmusiker, und heute füllt er ganze Stadien überall auf der Welt.
Ich bin fest davon überzeugt, dass er sich genau auf dieser großen Bühne gesehen hat. Jeden einzelnen Tag. Er wusste genau, dass er

mal ein Stadion füllen wird.
Dazu passt auch eine andere Geschichte, die bei mir Gänsehaut ausgelöst hat.

Im Jahr 1954 machte sich ein Mann auf den Weg, das Unmögliche zu erreichen. Seit Ewigkeiten versuchte man in der Leichtathletik, eine Meile (ca. 1,6 km) unter vier Minuten zu laufen. Das schien schlicht unmöglich zu sein. Der menschliche Körper war offenbar einfach nicht dazu in der Lage, diese Distanz unter vier Minuten zu absolvieren. Mediziner befürchteten sogar, dass bereits der Versuch zum Kollaps führen könnte.
Ein Mann wollte es trotzdem schaffen, Roger Bannister. Er war fest davon überzeugt, die Meile unter vier Minuten laufen zu können. Er war zu diesem Zeitpunkt 25 Jahre alt und stand kurz vor dem Abschluss seines Medizinstudiums.

Wegen seines Studiums hatte er keine Zeit für Dauerläufe. In seinem Training setzte er mehr auf Schnelligkeit und Spritzigkeit. Er glaubte fest an sein Ziel und daran, das Unmögliche möglich zu machen. Er stellte sich vor, die vier Minuten tatsächlich unterboten zu haben. Spott und die negativen Kommentare blendete er, so gut es nur ging, aus.

Der Gedanke steht nur im Alphabet hinter dem Ergebnis.

Endlich war es so weit. Gut 1.000 Zuschauer waren in das kleine Stadion der Universität Oxford gekommen. Die Wetterprognose war ungünstig. Regenwolken und Wind boten nicht die besten Voraussetzungen, um einen neuen Weltrekord aufzustellen. Bannister war nervös, die Anspannung stieg ins Unermessliche. Der Startschuss fiel! Bannister startete schnell. Er fühlte sich gut und gab alles, was in ihm steckt. Die erste Runde ging genau wie die zweite und dritte vorbei wie im Flug. Er spürt, dass er es heute schaffen kann. Die letzten Meter sind angebrochen. Bannister setzt sich überlegen an die Spitze. Die Anfeuerungen der Zuschauer hört er gar nicht mehr. Die Welt um ihn schien stillzustehen. Er schwebte nur noch dem Ziel entgegen. Er spürte, dass er es heute schaffen und Geschichte schreiben wird.

Mit den letzten Kräften flog er förmlich über die Ziellinie und brach danach völlig erschöpft zusammen. Und nach einigen Minuten der Ungewissheit verkündet der Stadionsprecher den neuen Weltrekord! Roger Bannister hat das Unmögliche möglich gemacht. Er hat Geschichte geschrieben. Mit 3:59,4 Minuten durchbrach er diese magische 4-Minuten-Hürde.

Nichts ist unmöglich! Nur unsere Gedanken halten etwas für unmöglich.

Das aus meiner Sicht Erstaunlichste passierte aber erst, nachdem Bannister trotz aller Meinungen von Fachleuten die 4-Minuten-Hürde tatsächlich geknackt hatte. Denn keine zwei Monate später unterbot der Australier John Landy den Rekord von Bannister und stellte damit einen neuen Weltrekord mit 3:58,0 Minuten auf.
In den kommenden Jahren wurde die Marke noch häufig unterboten, aber alle erinnern sich nur an Roger Bannister. Der Mann, der das möglich gemacht hat, dass andere Sportler überhaupt daran glaubten, die Meile unter vier Minuten laufen zu können. Zweifellos erbrachte er damals eine übermenschliche Leistung. Nur wenige Menschen stellen sich gegen alle Widrigkeiten und ignorieren jeden, der nicht an das Ziel glaubt. Am Ende sind es aber diese Menschen, die wir bewundern, die Menschen, die Geschichte schreiben, die Menschen, die uns als Vorbilder dienen. Das *Forbes*-Magazin wählte seinen Rekordlauf zur größten sportlichen Leistung der vergangenen 150 Jahre.

Roger Bannister: *„Mein Lauf wurde zu einem Symbol dafür, eine Herausforderung anzunehmen. Ich sehe diesen Weltrekord gerne als eine Metapher nicht nur für den Sport, sondern für das Leben und seine Herausforderungen. Ich freute mich immer darauf, dass ich vielen Läufern nach mir das Unmögliche möglich erscheinen ließ, und sah auch, wie sie es dann schafften."*

Wenn mentale Begrenzungen fallen

Obwohl Bannister nur kurze Zeit den Weltrekord gehalten hat, bleibt er für immer in Erinnerung. Nicht weil er der beste Läufer aller Zeiten ist, sondern weil kein anderer Läufer zuvor daran geglaubt hatte, diese Marke zu toppen. Und dieser Glaube ist aus meiner Sicht auch der Grund dafür, warum er es geschafft hat. Erst nachdem die magische Grenze unterboten wurde, hat es in den Köpfen der anderen Läufer „klick" gemacht und ein Weltrekord jagte den nächsten. Sie waren mental plötzlich offen für eine Zeit unter vier Minuten. Sie haben daran geglaubt, weil Bannister es möglich gemacht hat.

Ein grandioses Beispiel dafür, was alles möglich ist, wenn ich nur daran glaube, dass es möglich ist. Roger Bannister hat in seinem Kopf eine andere Zahl gesehen und fest daran geglaubt, dass bei seinem Ergebnis eine 3 davorstehen wird und erst das hat ihm diesen Erfolg ermöglicht.

Was lässt Deine Vorstellung zu? Kannst Du in Deiner Vorstellung ein Handicap oder ein Ergebnis sehen, für das die anderen Dich für verrückt erklären?
Wie wäre es, wenn Du Dein Handicap halbieren könntest?
Kannst Du Dir das vorstellen? Wie wäre es, wenn Du Deine beste Runde um drei, fünf, zehn Schläge unterbieten würdest?
Ist das möglich? Warum sollte es nicht? Im Leben ist das möglich, was Du für möglich hältst. Nicht mehr und nicht weniger.

Zusammenfassung des Kapitels

1. Dein Gehirn benötigt wie ein Navigationssystem exakte Angaben.

2. Über 90 Prozent unserer Gedanken und Handlungen laufen unterbewusst ab, wir laufen sozusagen überwiegend auf Autopilot.

3. Achte und pflege Deine Gedanken, denn sie bestimmen die Emotionen, die den größten Einfluss auf Deine Handlungen und Ergebnisse haben.

4. Alle Deine Gedanken besitzen eine Energie, die ihre Umgebung beeinflusst. Positive Gedanken erzeugen weitere positive Gedanken. Negative Gedanken produzieren weitere negative Gedanken. Achte auf Deine Gedanken, um den richtigen Fluss zu kreieren.

5. Über unsere Sinneskanäle nehmen wir ca. elf Millionen Informationseinheiten pro Sekunde auf, lediglich 50 davon können wir bewusst verarbeiten. Der Rest läuft unterbewusst ab. Wie wichtig ist es für Dich also, Dein Unterbewusstsein zu trainieren?

6. Um Dein volles Potenzial zu nutzen, musst Du die Stufe der unbewussten Kompetenz erreichen. Dafür benötigt unser Unterbewusstsein mindestens 100 Tage Übung.

7. Behandle Dich auf dem Golfplatz so, als wärst Du nicht nur der Spieler, sondern auch der Caddie.

8. Golf ist zu 50 Prozent Visualisierung. Den Schlag, den Du ausführen willst, musst Du zuvor im Geiste gespielt haben. Nutze Deine Vorstellungskraft auch, um Dein Unterbewusstsein mit positiven Informationen zu füttern. Beim Visualisieren gilt: je detaillierter und bunter, desto besser!

To-do des Tages

1. Dokumentiere die Gedanken Deiner Golfrunde, alle auffallend positiven und negativen Gedanken.

2. Analysiere sie nach der Runde und frage Dich danach, ob der Gedanke hilfreich war.

3. Die Gedanken, die Du als nicht hilfreich einstufst, kannst Du nicht einfach verbannen. Aber Du kannst Dein Unterbewusstsein austricksen und eine neue Bedeutung für diesen Gedanken finden. Hast Du beispielsweise Probleme mit dem ersten Abschlag und bist total verunsichert, sobald Du nur in die Nähe des Abschlags kommst, dann unterbreche diesen Gedanken. Gehe in Dein geistiges Kino, gehe den Schlag wieder und wieder durch, wie er perfekt getroffen mitten auf dem Fairway landet. -> Gehe aus der „negativen" Situation heraus und erschaffe eine neue, positive Situation, in der Du Dich wohlfühlst.

   a. Trainiere bei jeder Session für 15 Minuten Deinen Visualisierungsprozess, um Dein Vorstellungsvermögen zu stärken und eine neue Gewohnheit zu etablieren. Während dieser 15 Minuten liegt der Fokus ausschließlich auf der Visualisierung Deines Schlags.

   b. Stärke den Zufluss Deiner positiven Gedanken auf einer Golfrunde, indem Du Dich für Deine guten Schläge lobst. Starte damit bei Deiner nächsten Runde und lobe Dich für mindestens drei gute Schläge.

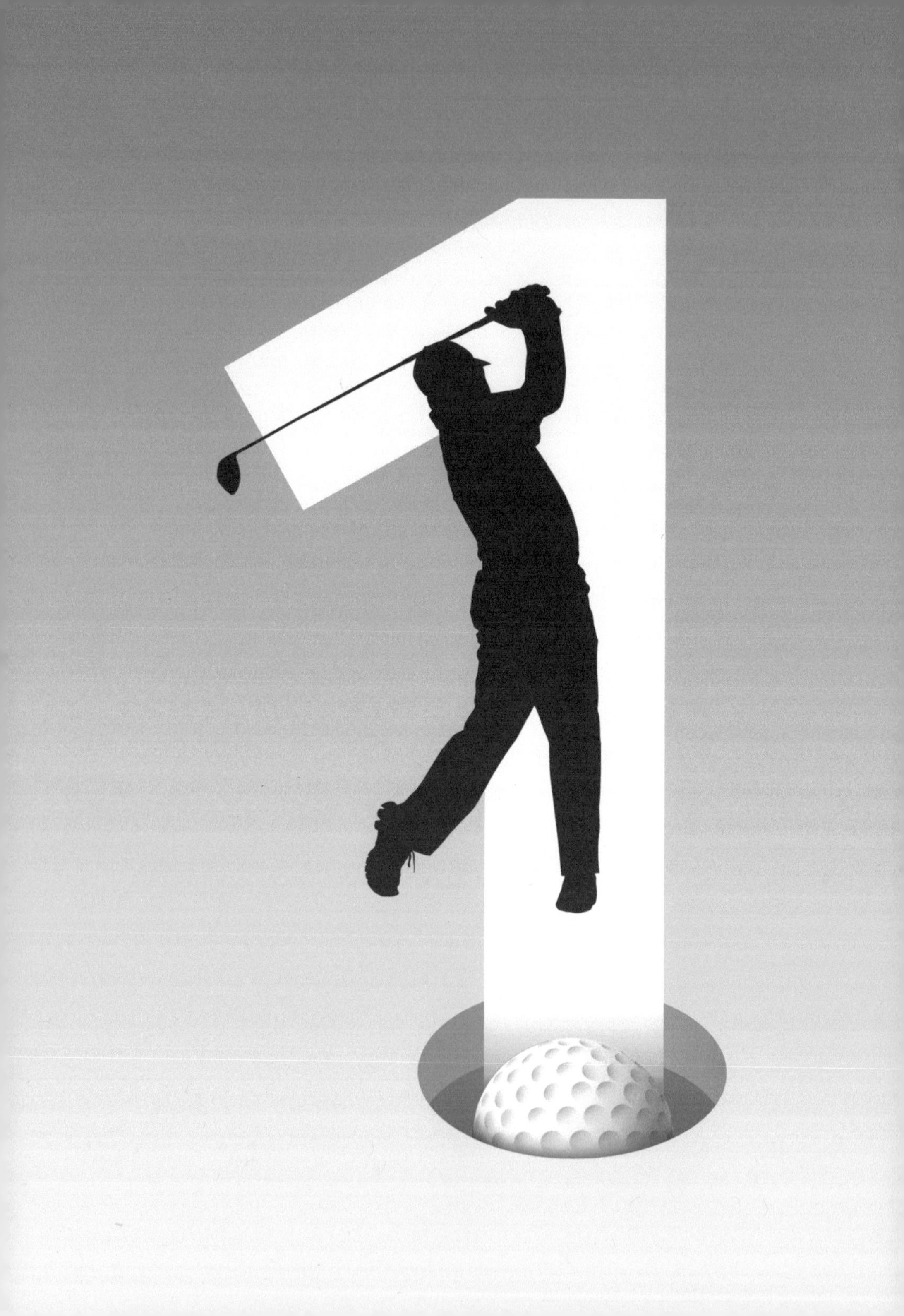

3. Vom richtigen Umgang mit Dir selbst

Nach einem meiner Vorträge kam eine meiner Zuhörerinnen zu mir und erzählte mir, wie interessant sie meine Aussagen zum Thema Selbstgespräche fand. Ihr ist dabei aufgefallen, dass sie sich genauso verhält, wie man es nicht tun sollte. Sie redet sich schon vor dem Schlag alles schlecht. Aussagen wie: Den Abschlag kann ich nicht, aus dem Bunker komme ich sowieso nicht raus, den Putt krieg ich eh nicht rein, nannte sie mir als Beispiele. Ich sagte zu ihr, dass sie sich deshalb nicht schlecht fühlen muss, das ist bei vielen Golfern nicht anders. Ich selbst war noch um einiges schlimmer, was dieses Thema anging. Wichtig ist nur, dass sie versteht, was sie damit in ihren Gedanken bewirkt und was sie damit schlussendlich ihrem Spiel antut. Es sei fast unmöglich, gutes Golf zu spielen bei solchen Gedankengängen und solchen Selbstgesprächen.
Sie schrieb mir vor Kurzem erst eine E-Mail, worin sie mir mitteilte, dass sie an ihrem Umgang mit sich selbst stark gearbeitet hat und diese Gedanken immer weniger hat und selbst wenn sie mal aufkommen, sie sich ablenkt und mit etwas anderem beschäftigt. Sie hat sich seit meinem Vortrag um drei Handicappunkte verbessert.

Nutze das KOSTENLOSE WEBINAR „GOAL 1N ONE" – damit kannst Du Deine Erkenntnisse aus diesem Buch direkt besser umsetzen: www.yannickrosenberger.de/webinar

Wir alle haben ein großes Entwicklungspotenzial im Umgang mit uns selbst, vor allem beim Golfspielen. Wir besprechen in diesem Kapitel im Detail, warum wir dazu neigen, uns Schläge schon im Vorhinein schlechtzureden und auch nach dem Schlag uns weiter reinzusteigern, außerdem besprechen wir, wie wir das ändern können und wieso Du dadurch automatisch besser Golf spielst.

3.1 „Was erzähle ich mir denn heute vier Stunden lang?"

Das Geheimnis eines guten Golfers liegt in der Zeit zwischen seinen Schlägen.

Im Durchschnitt dauert eine Golfrunde etwa viereinhalb Stunden. Bei einem Turnier habe ich aber auch schon einmal über sechs Stunden auf einer Runde verbracht.

Hast Du Dir schon einmal überlegt, wie wenig Zeit Du dabei tatsächlich mit dem eigentlichen Spiel verbringst? Der Schlag selbst dauert gerade einmal zwei Sekunden, wenn überhaupt. Bei einem Score von 100 Schlägen verbringe ich also weniger als 200 Sekunden damit, Schläge auszuführen. Natürlich nutze ich auch eine gewisse Zeit, um mich auf meinen Schlag gezielt vorzubereiten.

Wie gehst Du zwischen den Schlägen mit Dir um?
Eines der größten Erfolgsrezepte eines jeden guten oder gar sehr guten Golfers liegt in der Zeit zwischen den Schlägen.
Es ist seine Einstellung, es ist die Art, wie er mit sich selbst umgeht.

Dazu ein Beispiel: Lass uns noch einmal auf das Thema Ziele zurückkommen. Nämlich zu diesem: *„In der Saison 202X werde ich durch gezieltes Fitnesstraining meine Stabilität im Schwung verbessern und damit meine FIR*-Quote von 51 Prozent auf 61 Prozent steigern."* Das ist eine klare SMARTe Formulierung. Das ist schon einmal eine gute Grundlage. Nur bin ich davon überzeugt, dass ich das Ziel auch erreichen kann? Offen gestanden, nicht völlig.
Aber ich arbeite jeden Tag hart daran, absolut davon überzeugt zu sein.

Sorglos mit Gedanken umgehen? Besser nicht!

Wie kommt es nun eigentlich, dass wir von manchen Dingen absolut überzeugt sind, von anderen aber nicht? Das liegt daran, dass wir oft zu sorglos mit unseren Gedanken und Worten umgehen. Gedanken und Worte brennen sich bei häufiger Wiederholung in unser Gehirn ein und formen sich langfristig zu unseren Glaubenssätzen. Die verwechseln wir dann aber gern mit unserer Realität.
Und wie sieht diese „Realität" aus?

Vor einigen Jahren hatte ich das Vergnügen, mit einem Trainer in den USA ein paar Tage verbringen zu dürfen. Manny ist ein ehemaliger Tourspieler aus Südafrika, der in seiner Jugendzeit regelmäßig vor Ernie Els auf dem Leaderboard stand. Als wir uns trafen, hatte ich schon ein sehr gutes kurzes Spiel. Ich war von meinem Spiel ums Grün so überzeugt, dass ich mir jederzeit eine sehr gute Chance gegen einen Tourspieler eingeräumt hätte.
Nach einigen Tagen erzählte mir Manny, dass er ein Qualifikationsturnier für die PGA-Tour spielt und ob ich mit ihm die Proberunde spielen möchte. Klar habe ich mich über die Einladung gefreut und sofort zugesagt.
Was ich dann auf dem Platz erlebte, brachte mich ins Staunen – und meinen bisherigen Glauben ins Wanken. Manny schlug den Ball damals weder länger noch viel präziser. Er schlug die Eisen definitiv näher an die Fahne. Aber was er um und auf dem Grün machte, hatte etwas von Magie.

Die „persönliche Realität" kann trügerisch sein

Meine „Realität" hatte sich innerhalb eines Tages vollständig verändert. Meine Einschätzung über meine Fähigkeiten erwies sich als falsch. Im langen Spiel waren es marginale Unterschiede. Zwischen 120 und 80 Metern gab es schon größere Unterschiede, die bei abnehmender Distanz immer größer wurden. Unter 40 Metern lagen Welten zwischen seinem und meinem Spiel.
Genau bei den Schlägen, von deren Qualität ich am meisten überzeugt war und mir zugetraut hätte, den besten Spielern der Welt die

Stirn zu bieten. Genau bei diesen Schlägen war der Unterschied am größten.
Was bedeutet das in Hinblick auf meine persönliche „Realität"? Wie stark darf ich ihr trauen?
Die Antwort ist: gar nicht! Es gibt aus meiner Sicht keine Realität. Das ist ein Wort, das tagtäglich so oft missbraucht wird, dass wir denken, es sei ein unveränderbarer Zustand. Übrigens, „objektiv" ist ebenfalls so ein Wort. Ist objektiv betrachtet das Glas halb leer? Vielleicht ist es ja aber doch halb voll.

Ja, was denn nun?

Wie sich Glaubenssätze verfestigen
Vor einigen Jahrzehnten war es „realistisch" unmöglich, dass ich diese Zeilen gerade in 10.000 Metern Höhe schreibe. Es war „unrealistisch", dass ich mit 300 weiteren Personen in eine Maschine steige, die uns innerhalb von eineinhalb Stunden von Wien nach Frankfurt bringt. Heute ist das ganz normal. Meine persönliche „Realität" – also das, was ich als real empfinde – wird ganz allein von mir erschaffen. Den ganzen Tag ist mein Unterbewusstsein damit beschäftigt, alles, was ich tue und was um mich herum passiert, aufzunehmen und zu bewerten. Diese Bewertungen werden mit unseren Erfahrungen abgeglichen und dann den entsprechenden „Stapeln" in unserem Gehirn zugeordnet. Diese „Stapel" sind ständig in Bewegung. Sie werden größer oder kleiner. Es spielt für das Unterbewusstsein auch keine Rolle, ob es positive oder negative „Stapel" sind. Das Unterbewusstsein bewertet nichts, es arbeitet eher wie ein Computer.

Aus diesen „Stapeln" bilden sich dann – versinnbildlicht – Deine Glaubenssätze, die letztlich Deine persönliche Realität formen. Wie wir ja bereits besprochen haben, ist das Gute an den „Stapeln", dass Du es selbst in der Hand hast, sie zu vergrößern und zu verkleinern.

Lass uns jetzt noch mal zu meinem persönlichen Ziel vom Anfang des Kapitels zurückkommen.

Hierbei geht es um meinen Drive, meinen Abschlag.
Ich habe mir über Jahre einen sehr großen „Stapel“ voller negativer Glaubenssätze aufgebaut. So bin ich dann zu der Erkenntnis gekommen, dass der Driver und ich einfach keine Freunde sind. Ich bin einfach kein guter „Driver“. Punkt.
Das ist „meine Realität“.
Damit kann ich jetzt die nächsten 40 Jahre golfen oder daran arbeiten, diese Realität zu verändern.

Große negative Stapel – bei Dir auch?
Ich habe mir mal meine „Stapel“ dazu genauer angesehen. Da steckt wirklich nur Negatives drin. Ich kann mich an 100, vielleicht sogar 1.000 schlechte Drives erinnern, als wäre es gestern gewesen. Aber nur an wenig gute. Warum?

Weil ich mein Unterbewusstsein nicht auf gute Drives eingestellt habe. Das bedeutet, wenn ich einen wirklich guten Drive mache, sucht mein Unterbewusstsein nach dem Stapel, der alles, was ich über meine guten Drives sage, fühle und denke, speichert. Nur leider habe ich diesen Stapel nie gefüttert. Einfach weil ich mich nahezu nie positiv über meine Drives äußere. Wenn ich dann doch mal einen guten Drive spiele, nehme ich ihn nicht ernst und schenke ihm nicht die Kraft und Bedeutung, die ich bräuchte, um den positiven Stapel wachsen zu lassen.

Dem Stapel der schlechten Drives schenke ich hingegen all meine Aufmerksamkeit. Ich rege mich fürchterlich über schlechte Drives auf. Rede noch Stunden oder gar Tage lang über einen schlechten Drive und mache liebend gerne am Abend noch mit Kumpels Witze darüber.

Ich hatte keine Ahnung, wie sehr ich mir mit diesem Verhalten selbst geschadet habe! Und es ist leider auch nicht so, dass sich ein Stapel von heute auf morgen verkleinern oder vergrößern lässt. Das braucht Zeit, Geduld und ein gute Portion Durchhaltevermögen.

Achte auf Deine Worte, denn sie werden zu Deiner Realität.

Dieses Thema liegt mir besonders am Herzen, da ich selbst ein gutes Beispiel dafür war, wie man *nicht* mit sich umgehen sollte.

Jeder hat einen „Quatschi", der den Erfolg schlechtredet

Ich hatte vorhin erwähnt, dass ich von meinem Ziel, meine Drive-Statistik zu verbessern, nicht so richtig überzeugt bin. Das fing bereits mit einem mulmigen Gefühl an, als ich dieses Ziel in mein Zielebuch schrieb. Im ersten Moment fühlte sich das schon wie eine Niederlage an, als ob es sinnlos wäre, mir das überhaupt vorzunehmen. Dann erinnerte ich mich an ein Buch über unsere innere Stimme. Diese innere Stimme nenne ich für euch jetzt liebevoll „Quatschi". Wenn ich mit mir selber spreche, habe ich ganz andere Ausdrücke dafür, die sind aber nicht ganz jugendfrei.

Es ist die besondere Gabe von Quatschi, dass es immer dann auftaucht, wenn Du nur einen Funken Unsicherheit verspürst. Dann flüstert es Dir leise ins Ohr: „Das schaffst Du doch eh nicht."

An dieser Stelle geben die meisten Menschen dann schon auf, bevor sie überhaupt angefangen haben. Das macht mich persönlich traurig. Denn so werden sie nie erfahren, ob sie es nicht doch geschafft hätten, wenn sie nur einen Versuch gestartet hätten. Wenn wir wiederholt auf Quatschi hören, dann sinkt unser Selbstwertgefühl. Nicht nur, weil wir etwas nicht geschafft haben, sondern es noch nicht einmal versuchten. Denn durch permanentes Wiederholen wird auch das Aufgeben zu einer Gewohnheit.

Das Fazit ist also: Hör nicht auf Quatschi!

Auch Aufgeben kann zur Gewohnheit werden

Ok, zugegeben, ganz so einfach ist das nicht. Quatschi taucht immer dann auf, wenn ich Unsicherheit zeige, um mich dann darin zu bestärken. Aber Quatschi ist wie eine lästige Fliege, die einem um den Kopf schwirrt. Und von der lassen wir doch unser Leben auch nicht bestimmen, oder?

Wir verscheuchen stattdessen die Fliege! Und das Gleiche werden wir in Zukunft auch mit Quatschi machen. Denn ich weiß, Du bist Quatschi schon begegnet. Vielleicht, als Du Deine Ziele aufgeschrieben hast. Oder Quatschi hatte seinen Auftritt vor einem wichtigen Geschäftstermin oder einer großen Entscheidung.

Hast auch Du einen „inneren Quatschi"?

Wenn Deine innere Stimme nichts Aufbauendes von sich gibt, ignoriere sie!

Aber ganz sicher saß Quatschi schon mal am ersten Abschlag auf Deiner Schulter, als rechts oder links das Wasserhindernis auf Dich gewartet hat. Da hat Dich Deine innere Stimme mit Sicherheit an einen schlechten Abschlag auf der Range erinnert: „Also wenn Du den so spielst wie vor zehn Minuten, dann gehst Du wieder baden. Du weißt ja selbst, wie oft wir da schon drin lagen."

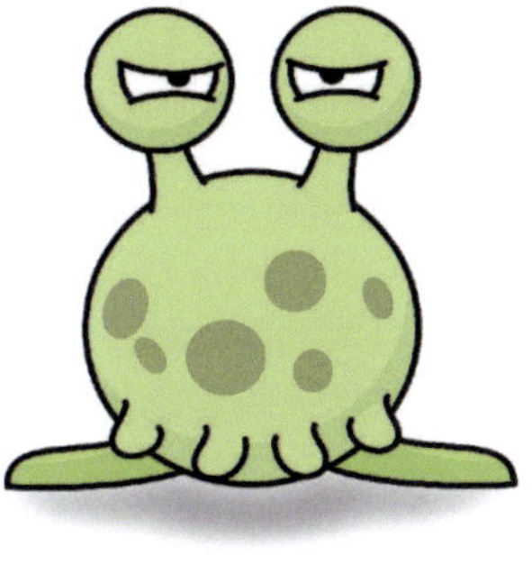

Abb. 11: So stellt sich der Autor „seinen Quatschi" vor
Quelle: Pixabay (Lizenz), © by OpenClipart-Vectors

Und was machen wir jetzt mit Quatschi? Es redet mir in meine Ziele rein, dabei will ich doch wirklich besser driven.
Stelle Dir vor, wie Du Deinen Quatschi fesselst und knebelst. Nutze die Kraft der Visualisierung um Deine innere Stimme, Deinen Quatschi zum Schweigen zu bringen.

Wie Du Deinen Quatschi vertreiben kannst

Was Du tun kannst, während Quatschi geknebelt und gefesselt ist: Zum einen kannst Du die Zeit effektiv nutzen und an Deiner Überzeugung arbeiten. Quatschi hasst nichts mehr als die Überzeugung eines

Menschen. Wenn Du von einer Sache absolut überzeugt bist, wird Quatschi immer leiser und leiser.
Ein anderes Mittel gegen Quatschi sind Affirmationen, (Selbst-) Bestätigung. Das funktioniert wirklich gut, wenn es um das Niederschreiben und Verwirklichen von Zielen geht. Durch gezielte Affirmationen holst Du Dir nach und nach die Sicherheit und Überzeugung, die Du brauchst, um Deine Ziele zu verwirklichen.
Aus eigener Erfahrung kann ich Dir sagen, dass Affirmationen extrem kraftvoll sind. Und sie füttern den „Stapel", der für meine guten Drives verantwortlich ist, täglich ein Stückchen. Und da ich mich ausschließlich auf die positiven Seiten konzentriere, wird der „Stapel" mit den negativen Bildern immer kleiner.

Affirmationen kannst Du üben

Vielleicht hört sich das für Dich jetzt noch etwas komisch an. Ok, dann berichte ich hier ehrlich von mir selbst: Das ging mir beim ersten Mal auch nicht anders, als ich nach einem Seminar zu Hause vor dem Spiegel das erste Mal Affirmationen geübt habe. Wie ich heute weiß, lag das aber daran, dass ich das, was ich zu mir gesagt habe, nicht ernst nehmen konnte, weil ich mich selbst nicht richtig ernst genommen habe. Mir fehlte einfach die Überzeugung meiner eigenen Person.

Affirmationen sind der Schlüssel zu Deinem Selbstvertrauen und dazu, ungebetene Glaubenssätze loszuwerden.

Die drei Affirmationen, die ich mir täglich vor dem Spiegel gesagt habe, waren:

1. Ich mag mich.
2. Ich liebe mich.
3. Ich bin ein Geschenk für die Welt.

Dazu gab es zusätzliche Gesten, die die Wirkung des Wortes noch mal verstärken und unterstützen sollten. Das führte dann bei mir dazu, dass ich die Situation noch absurder fand.
Aber: Obwohl ich es absurd fand, mich ein „Geschenk für die Welt" zu nennen und dabei auch noch die Arme auszubreiten, als würde

ich jetzt auf den Applaus meines Schöpfers warten, machte ich doch damit weiter.
Nach drei Wochen dachte ich das erste Mal ernsthaft darüber nach, dass das, was ich täglich zu mir sage, gar nicht so blöd ist. Ich mag mich ja, irgendwie liebe ich mich ja auch und bestimmt bin ich auch irgendwie ein Geschenk für die Welt.
Es hat fast drei Monate gedauert, bis ich die Übung aus voller Überzeugung machen konnte. Dann hab ich gemerkt, dass sich etwas in mir verändert hatte. Ich fing an, mehr an mich zu glauben und weniger Zweifel zu haben. Und die Übung gab mir jeden Morgen wirklich Kraft.

Affirmationen ändern sich im Laufe der Zeit
Die Affirmationen für mein jetziges Ziel lauten zum Beispiel:

1. Ich liebe meinen Driver.
2. Ich bin ein guter Driver.
3. Ich kann jedes Fairway treffen, das ich will.

Lass uns die drei Sätze hinterfragen. Das ist enorm wichtig, um hinter der Wirkung zu stehen.

1. Affirmation: „Ich liebe meinen Driver."
Liebe ich meinen Driver? Ja, ansonsten würde ich einen anderen spielen. Nach einem schlechten Schlag könnte ich ihn auch in seine Einzelteile zerlegen. Aber es geht um den Gesamteindruck. Und da trifft die Aussage genau zu. Mit dieser Affirmation möchte ich mir jeden Tag vor Augen führen, dass ich diesen Schläger wirklich liebe. Ich fokussiere mich auf das Positive und gebe Quatschi keine Chance, mit mir zu sprechen.

2. Affirmation: „Ich bin ein guter Driver."
Jetzt wird es schon komplizierter. Aktuell bin ich ja verunsichert und von meinem Ziel nicht absolut überzeugt. Deswegen ist es umso wichtiger, die Affirmation zu hinterfragen. Quatschi würde jetzt

natürlich richtig laut werden, um mich zu fragen, ob ich die vielen katastrophalen Drives der Vergangenheit vergessen habe. Zum Glück haben wir es ja geknebelt. Also überlege ich mal, wo ich ein guter Driver bin.

Ich kann den Ball mindestens 240 Meter im Flug schlagen, kann einen Draw und einen Fade schlagen. Wenn es auf den letzten Löchern ernst wird, schlage ich den Ball fast immer auf die Bahn. Und am Anfang einer Saison, wenn ich noch nicht so viel nachdenke, treffe ich schon ziemlich viele Fairways. Das sind doch schon mal vier gute Ansätze.

Mein Fazit: Auch diese Affirmation passt und ich kann voll und ganz dahinterstehen. Denn ich will damit ja meine momentane Gedankenwelt aus dem Gleichgewicht bringen. Eigentlich bin ich klar darauf eingestellt, kein guter Driver zu sein. Diesen Fokus muss ich ändern, um mein persönliches Ziel umsetzen zu können.
Deswegen kommt es gerade bei Affirmationen wie dieser darauf an, sie zu hinterfragen. Auf den ersten Blick hätte ich eher dem Gegenteil zugestimmt. Auf den zweiten Blick trifft die Aussage aber sehr wohl zu. Darauf kommt es an. Damit Affirmationen wirken, musst Du Dich zumindest ansatzweise damit identifizieren.

3. Affirmation: „Ich kann jedes Fairway treffen, das ich will."
Auch hier ist fragwürdig, ob ich mich wirklich mit dem Satz identifizieren kann. Dahinter stecken wieder nur ein paar einfache Fragen. Habe ich schon mal ein Fairway getroffen? Ja! Habe ich auf meinem Heimatplatz auf jedem Loch schon mal das Fairway getroffen? Ebenfalls ja! Also bin ich eindeutig in der Lage, jedes Fairway zu treffen. Wenn ich darüber nachdenke, ist es total logisch. Und trotzdem wäre ich nie von allein darauf gekommen.

Wie lauten Deine eigenen Affirmationen?
Ich habe Dir ganz bewusst meine Affirmationen als Beispiel genannt. Ich stehe mit meinen Emotionen absolut dahinter. Aber Affirmati-

onen sind ein sehr individuelles Thema, deswegen können wir hier auch nicht pauschalisieren.
Also zu Dir: Wie lauten Deine Affirmationen zurzeit?

1. ______________________________

2. ______________________________

3. ______________________________

Welches Ziel möchtest Du unbedingt erreichen? Nutze die Kraft der Affirmation!
Das ist keine Übung, die von heute auf morgen eine Veränderung bringt. Mach es trotzdem zu Deiner Gewohnheit, Dir täglich Deine Affirmationen vorzusprechen. Wichtig ist, dass Du das, ohne Ausreden, tatsächlich täglich machst! Erinnere Dich an die 100 Tage.

Und so lange hat es auch bei mir gedauert, bis das, was ich zu mir gesagt habe, auch ernst gemeint war. Also gib Dir diese 100 Tage, die unser Gehirn braucht, um sich auf die Veränderung einzustellen.

Lege das Buch am besten jetzt erst mal zur Seite: Und sprich Deine oben aufgeschriebenen Affirmationen!

Willkommen zurück: Ich will Dir jetzt noch in einem zweiten Beispiel verraten, wieso das Fesseln und Knebeln von Quatschi hilfreich ist. Wenn Du erst einmal akzeptiert hast, dass es diese unsympathische Stimme in Deinem Kopf gibt, kannst Du sie jederzeit ruhigstellen, wenn Du willst.

Wieder ein Beispiel: Nehmen wir an, Du stehst am ersten Abschlag eines großen Turniers. Auf Dich wartet ein sehr enges Fairway: Links ein Wasserhindernis und hinter Dir einige Zuschauer. Leider: Quatschi liebt genau solche Situationen!

Oder: Du stehst auf dem 18. Grün, das letzte Loch der diesjährigen Clubmeisterschaften. Dir fehlen 1,5 Meter zum Par und zum Sieg. Auch jetzt wird Quatschi sich einmischen wollen. Es spielt gar keine Rolle, ob wir nun am ersten Abschlag stehen oder am 18. Grün. Diese innere Stimme hat immer dann verstärkt Redebedarf, wenn Du unsicher oder nervös bist.

Stoppe Deinen Quatschi!

Spürst Du auf dem Platz leichte Unsicherheit und merkst, wie Quatschi Luft holt, um gleich seinen Vortrag zu halten, sagst Du Dir innerlich mit voller Energie: STOPP!!!

Am wirkungsvollsten wäre es, wenn Du das „Stopp" tatsächlich laut zu Dir sagen würdest. Erfahrungsgemäß reagieren aber die umstehenden Menschen und Mitspieler etwas irritiert. Also sag es Dir innerlich ganz laut. Noch größer wird der Effekt, wenn Du das Stopp noch mit *einer Geste verankerst*. Im nächsten Kapitel zeige ich Dir noch genauer, wie das funktioniert.

Verankere das „Stopp" mit einer Geste

Wie Du das Stoppschild in Dir verankerst, bleibt ganz Dir überlassen. Bei mir läuft das so: Ich schlage mir mit der rechten Hand auf die Oberschenkelaußenseite, während ich mir innerlich das Stoppschild vorstelle und dann „Stopp" sage. In diesem Moment passieren zwei Dinge: 1. „Quatschi" hält kurz den Mund. Und, viel wichtiger, 2. Du ergreifst sofort die Chance und fokussierst Dich auf positive Dinge. Du konzentrierst Dich wieder darauf, wie Du den Schlag ausführen möchtest. So wie ich es tue, wenn ich meine „Stopp-Gesten" ausführe.

Ich bin mir ganz sicher, dass Dir eine Reihe von Situationen einfallen, in denen diese innere Stimme bei Dir Zweifel gesät hat. Ich bin mir sicher, dass Du anschließend noch besser verstehst, wie wichtig der Umgang mit Deiner inneren Stimme ist.

Verpasse Deinem inneren Kritiker einen Maulkorb, wann immer er sich zu Wort meldet.

Eine typische Situation, in der meine innere Stimme sich auf dem Golfplatz gemeldet hat. Folgende Spielsituation: Mein Heimatplatz,

Bahn 12, ein 428 Meter langes Par 4, ein Dogleg nach links. Das Aus sowohl links als auch rechts von der Spielbahn. Ein schwieriges Loch und für mich als Linkshänder zusätzlich nicht ansprechend, da die Bahn nach links verläuft.
Wie oft ich hier den Ball schon ins Aus befördert habe, kann ich Dir gar nicht sagen. Entsprechend verunsichert bin ich, wenn ich auf dem Abschlag stehe. Jahrelang habe ich mir hier immer wieder hohe Ergebnisse abgeholt, weil ich einen Schlag spielen wollte, von dem ich ganz und gar nicht überzeugt war.
Einen Schlag, den ich wie aus dem Lehrbuch ausführen wollte: Als Linkshänder bedeutet ein Dogleg nach links für mich einen schönen Fade in die Bahn zu spielen. Aufgrund der Länge des Lochs natürlich mit einem Holz 3 oder gar mit einem Driver.

Profitiere von meinen Learnings
Und jetzt eine wichtige Erkenntnis aus der Zeit, in der Quatschi noch die volle Kontrolle über mich hatte: *„Wenn Du den Schlag vor Deinem inneren Auge nicht sehen kannst, ihn Dir nicht vorstellen kannst, dann spiel ihn auch nicht!"*

Mein Learning: „Auf dem Golfplatz führen viele Wege ans Ziel. Wähle nur den, von dem Du auch tatsächlich überzeugt bist."

Seitdem spiele ich dieses Loch mit einem Eisen 2 vom Abschlag – und nicht mehr mit einem Holz 3 oder gar einem Driver, es sei denn, es herrscht starker Gegenwind oder es regnet in Strömen. Trotz allem ist es so, dass ich aufgrund der vielen schlechten Erfahrungen auf diesem Loch mich auch mit dem Eisen 2 alles andere als pudelwohl fühle.
Aber da ich weiß, dass ich den Ball damit schon 100-mal auf die Bahn geschlagen habe, daher kann ich mir den Schlag jederzeit vorstellen. Ich bin von der Schlägerwahl und von dem Schlag, den ich mir vorstelle und spielen möchte, absolut überzeugt. Falls sich jetzt also dennoch Quatschi meldet, sobald ich die Vorbereitung meines Schlags beginne und meine Entscheidung getroffen habe, packe ich

mein inneres Stoppschild aus und verpasse Quatschi damit einen Maulkorb.

Ein anderes Beispiel: Du stehst auf dem Fairway. Es sind etwa 135 Meter bis zur Fahne. Aber welchen Schläger sollst Du jetzt wählen? Mit Deinem Eisen 8 schlägst Du 130 Meter, mit dem 7er 140 Meter. Das haben wir alle schon erlebt. Du machst einen Probeschwung mit dem Eisen 8, dann gehst Du wieder zum Bag und nimmst das Eisen 7. Die Zeit drängt langsam, Du brauchst schon ganz schön lange. Also nimmst Du jetzt das Eisen 7. Jetzt ist der Schlag vielleicht fünf Meter zu lang und der Bunker wartet bedrohlich. Oder Du hast nicht konsequent genug geschlagen, und der Ball ging irgendwohin.

Ein guter Schlag kommt immer dann zustande, wenn Du 100 Prozent von Deinem Vorhaben überzeugt bist.

Der Moment für Dein „inneres Stoppschild"

Warum? Weil Du nicht überzeugt warst. Quatschi hat mehrfach gesagt, dass das eine Eisen zu kurz ist und das andere zu lang. Das Ergebnis ist also das Gleiche: Du kannst den Ball sowieso nicht an die Fahne schlagen.

Das ist der Moment, wo Du wieder Dein inneres Stoppschild rausholen solltest!

Jetzt überlegst Du Dir, wo Du den Ball lieber hättest: vor der Fahne oder hinter der Fahne. Je nach dem, für was Du Dich entscheidest, nimmst Du das passende Eisen und schlägst den Ball mit voller Überzeugung genau dorthin. Und fünf Meter weg von der Fahne ist alles andere als ein schlechtes Ergebnis aus dieser Distanz.

Es sind Unsicherheit und Zweifel, die zulassen, dass wir uns gar nicht bewusst werden, dass dies ein gutes Ergebnis wäre. Wenn wir nicht davon überzeugt sind, den passenden Schläger oder Schlag dafür zu haben, dann müssen wir den Ball auch nicht auf 135 Meter bringen. Dann schlagen wir ihn halt auf 130 oder 140 Meter und haben trotzdem eine gute Chance, den nächsten Putt zu lochen.

Die Lösung ist wieder: Deine innere Stimme
Mein Wunsch für Dich und der Grund dafür, warum ich dieses Buch überhaupt schreibe, ist, dass Du immer eine Lösung parat hast. Eine Lösung, die nicht direkt mit Deiner Technik oder Deiner Spielstärke zu tun hat. Mir geht es darum, Dir zu zeigen, wie viel Einfluss die innere Stimme hat.

3.2 Gedankendisziplin

Denke bitte jetzt *nicht* an einen rosa Elefanten!

Wie gut funktioniert das?

Hast Du es geschafft, *nicht* an einen rosa Elefanten zu denken? Wahrscheinlich nicht, oder?
Das lässt sich auf Folgendes zurückführen: Unser Gehirn hat einen „Sprachfehler": Zwar gehorcht es Dir fast aufs Wort, allerdings hat es das Problem, dass es die Wörter nicht, niemals, nie, kein, keine etc. eben nicht verstehen will. Wie wir inzwischen wissen, sucht unser Gehirn zu jeder eintreffenden Information ein passendes Bild in unseren „Stapeln". Nur zu diesen Schlüsselbegriffen existieren keine passenden Bilder.

Was löst „Mach jetzt nicht den Fehler" aus?
Im Umkehrschluss bedeutet das: Das gut gemeinte Kommando „Schlage den Ball jetzt nicht nach rechts ins Aus" kommt in unserem Gehirn bzw. dem Unterbewusstsein leider so an: „Schlag den Ball jetzt nach rechts ins Aus" ... es kommen die Worte „Schlag", „Ball" und „rechts" in starken Bildern an als Befehl, dies zu meiden, aber löst keine Bilder aus. Das klingt im ersten Moment etwas verrückt, lass uns das etwas genauer erläutern.
Wenn unser Gehirn bzw. unser Unterbewusstsein ausschließlich in Bildern denkt, was passiert dann in dem Moment, wenn wir einen solchen Satz mit „nicht" aussprechen?

Für den Schlag gibt es ein deutliches Bild
Für den Ball gibt es ein deutliches Bild.
Für das Aus auf der rechten Seite gibt es auch ein deutliches Bild.

Direkt klare innere Ansagen machen

Du musst Deinem Unterbewusstsein genau „sagen", was Du möchtest.

Aber für das kleine, aber entscheidende Wort „nicht" gibt es einfach kein Bild. Hast Du schon einmal überlegt, wie oft Du einen solchen, ja eigentlich gut gemeinten Gedanken hattest? Lässt sich der Satz vielleicht „gehirngerechter" formulieren? Ja, indem Du Deinem Unterbewusstsein exakt mitteilst, was Du erreichen möchtest. Damit vergrößerst Du die Wahrscheinlichkeit, dass es auch genauso eintritt. Wie Du mit Dir redest, sagt viel darüber aus, wie stark Deine Ziele sind.
Wir treffen oft Aussagen wie: „Ich möchte das jetzt noch nicht machen, denn dann könnte jenes passieren." Anstatt direkt zu sagen, was wir wirklich wollen. Auch das ist wieder ein Teufelskreis. Wenn Dein Ziel stark und klar genug ist, wirst Du eher dazu neigen, klare und schnelle Entscheidungen zu treffen. Und auch deutlich zu sagen, was Du möchtest. Damit stärkst Du immer den „Stapel", der für dieses Ziel zuständig ist.

Ändere Deine Sprachmuster

Deshalb ist es auch besser, wenn wir unser Sprachmuster ändern. Beginne damit, eindeutige Entscheidungen zu treffen und konkret zu sagen, was Du willst. Dein Unterbewusstsein erledigt den Rest für Dich. Das gilt nicht nur für den Golfplatz, sondern für alle Lebenslagen. Und gerade auch in der Kommunikation mit anderen Menschen.

Im nächsten Kapitel möchte ich mit Dir darüber sprechen, wie Du ein negatives Erlebnis in positive Gedanken umwandeln kannst.

3.3 Umerleben

Tiger Woods spielte 2018 in der Finalrunde des Arnold Palmer Invitationals erstmals wieder um den Sieg. Eine Sensation bahnte sich an,

als er nach nur wenigen Starts wieder vor dem Gewinn eines Turniers stand.
Viele (selbst ernannte) Experten haben nicht mit Kritik und hämischen Worten gespart, als er am Boden lag und nach eigener Aussage aufgrund starker Schmerzen nicht mehr schlafen konnte.

In der Finalrunde, an Bahn 16, einem ca. 460 Meter kurzen Par 5, leichtes Dogleg nach rechts und einem Wasserhindernis vor dem Grün, zog er den Driver. Vielleicht hatte ich auch einen falschen Eindruck, aber er wirkte auf mich unsicher. Er schlug den Ball jedenfalls viel zu weit nach links, direkt in den Vorgarten eines benachbarten Hauses. Die Chancen auf den Sieg gehen nun gegen null.

Fehlern nur begrenzte Aufmerksamkeit widmen
Natürlich war dieser Schlag Thema der Interviews nach dieser Runde. Tiger sagte, er wusste, dass er an dem Loch mehrere Optionen besaß: den Driver direkt über den Bunker auf der rechten Seite zu spielen, einen Fade reinzuspielen oder mit einem Holz 3 den Ball sicher im Knick des Lochs abzulegen. Er zog den Driver und hatte keine klare Entscheidung getroffen. Und wenn er sich nicht zu 100 Prozent für einen Schlag entscheidet, kann er rückblickend nicht erwarten, dass ein gutes Ergebnis rauskommt.

Ich war sehr erleichtert, so ein Statement von Tiger Woods zu hören. Wenn Tiger Fehler machen darf, dürfen wir das erst recht. Was wir allerdings vermeiden sollten, ist, zu lange über Fehler nachzudenken. Ich bin mir sicher, dass Tiger die Situation analysiert und dann überlegt hat, wie er es hätte besser machen können. Und sicherlich wird er sich auch geärgert haben.

Umerleben: Handlungsoptionen ausloten
Im mentalen Training gibt es eine Übung, die „Umerleben" genannt wird. Ich kann mir gut vorstellen, dass Tiger genau diese Übung am Abend der Finalrunde durchgeführt hat.

Umerleben beginnt damit, die Situation noch mal zu reflektieren und darüber nachzudenken. Dabei geht es um die Frage, ob man in einer Situation anders hätte handeln können. Und falls das so ist, wie man anders hätte handeln können.

Bleiben wir bei Tigers Drive ins Aus. Was hätte er an der Stelle anders machen können, abgesehen von einem besseren Schlag? Die Antwort lautet: Eine klare Entscheidung am Abschlag treffen. Damit hätte er die Wahrscheinlichkeit um ein Vielfaches erhöht, einen guten Drive zu machen. Beim Umerleben geht es ja auch darum, herauszufinden, wie man in der gleichen Situation hätte anders handeln können. Sagen wir jetzt einfach, wir hätten mit 100-prozentiger Überzeugung den Driver mit einem kleinen Cut in die Spielbahn geschlagen.

Erlebe die „misslungene" Situation noch mal, jetzt aber genauso, wie Du sie gerne erlebt hättest und hake die Situation anschließend ab.

Lass uns jetzt in Gedanken auf den Abschlag des 16. Lochs wandern. Du spürst, wie Du auf das Tee läufst. Du spürst den leichten Windzug, Du spürst den Druck und die Anspannung. Jetzt kommt es drauf an, denkst Du. Du schaust Dir die Spielbahn genau an, Du schaust im Birdiebook auf die Fahnenposition und gehst in Dich. Du bist der festen Überzeugung, dass der Driver mit einem leichten Fade der perfekte Schlag für diese Spielbahn ist. Du ziehst den Driver aus der Golftasche, machst konsequent Deine Routine, stellst Dich hinter den Ball und schließt kurz Deine Augen, um den Schlag noch einmal zu visualisieren. Dann öffnest Du Deine Augen, schaust entschlossen zum Ziel und haust einen perfekten Cut mitten auf das Fairway.

Neue Option: den richtigen Schlag visualisieren

Diese Übung kannst Du so oft wiederholen, wie Du möchtest. Ein Tipp von mir: Mache sie so oft, bis Du Dich gedanklich tatsächlich in der Situation befindest.

Nachdem Du die Situation für Dich umerlebt hast, hast Du die Arbeit getan. Du hast die ursprüngliche Situation analysiert und reflektiert, hast für Dich herausgefunden, was Du hättest anders machen können und hast Dich in Dein Wunschergebnis hineinversetzt. Und es

gedanklich noch mehrmals so abgespielt. Diese Situation ist damit abgehakt.
All das Grübeln über die Frage was wäre, wenn ... ist verschwendete Lebenszeit. Und es nährt vor allem den „Stapel", den Du verkleinern möchtest. Schenke einem einzelnen Schlag nicht mehr Bedeutung, als er verdient hat!

Umerleben konkret: positives Ergebnis vorwegnehmen
Golf kann ein gemeines Spiel sein. Das war es schon immer und das wird es auch bleiben. Aber genau diese Unberechenbarkeit macht doch den Reiz für uns aus, oder? Wir haben schon einiges darüber gelernt, wie wir diese fiesen Situationen auf dem Golfplatz besser meistern können, aber sie werden uns trotzdem immer begleiten. Sie gehören einfach zu diesem Sport dazu und das ist ja auch gut so.

Lass uns dazu eine kleine Übung machen:
Ich möchte, dass Du Dich jetzt an eine Situation erinnerst, die nicht so gelaufen ist, wie Du es wolltest. Beschreibe diese Situation! Wie lief es ab, wie hast Du Dich dabei gefühlt? Schreibe bitte alles auf:

____

____

____

Jetzt nimmst Du einen roten Stift und streichst das Geschriebene durch!

Überlege Dir bitte, was Du hättest anders machen können, damit ein besseres Ergebnis dabei herausgekommen wäre.
Hast Du keine klare Entscheidung getroffen, so wie Tiger an Loch 16? Fühle Dich in die Situation hinein, erlebe sie neu. Wie Du zum Beispiel jetzt eine klare Entscheidung für einen Schläger und einen Schlag triffst. Wie Du den Schlag visualisierst: Du siehst genau, wie

er fliegt, wie er genau in der Mitte des Fairways landet und noch 20 Meter ausrollt. Fühle Dich ganz tief in die Situation hinein.
Hast Du es einmal durchgespielt, schreibe es auf und gehe die Situation noch zwei- bis dreimal durch. Je detaillierter, desto besser. Lass Dir ruhig Zeit. Du sollst ein neues Bild für diese Situation in Dein Unterbewusstsein pflanzen. Spüre jetzt, wie gut es Dir nach diesem tollen Schlag geht.

Intensiv umerleben – und dann abhaken
Jetzt hast Du die Situation erfolgreich umerlebt. Sie ist jetzt abgehakt. Mach das zu Deiner Regel: Gehe intensiv in eine Situation hinein, wenn Du sie umerleben willst. Aber danach hake sie für immer ab!

Zusammenfassung des Kapitels

1. Wenn Deine innere Stimme Dir etwas sagt, was nicht aufbauend ist, ignoriere sie.

2. Kontrolliere Deine innere Stimme mithilfe Deines Stoppschildes.

3. Stärke Dein Selbstvertrauen mithilfe von Affirmationen.

4. Dein Bewusstsein kommuniziert mit Deinem Unterbewusstsein ausschließlich in Bildern. Es gibt für Verneinungen keine Bilder.

5. Wenn eine Situation nicht so lief, wie Du es gewünscht hast, nutze die Technik „Umerleben“, um ein positives Gefühl zu erzeugen und den Stapel „gute Schläge“ zu nähren.

To-do des Tages

1. Schreibe drei für Dich passende Affirmationen auf und sage sie Dir für die nächsten 100 Tage dreimal am Morgen und dreimal am Abend vor. Stärke diese Affirmation, in dem Du dazu eine Geste anwendest. Wenn Du Dir zum Beispiel sagst: „Ich kann jeden Putt lochen“, dann zeige dabei mit beiden Daumen auf Dich.

2. Wenn Du das nächste Mal an einem Loch stehst und Dir denkst: „Jetzt nicht rechts ins Aus“, formuliere den Satz neu, ohne eine Verneinung. Der Satz könnte zum Beispiel lauten: „Ich schlage den Ball auf die linke Seite des Fairways, mit einer leichten Rechts-links-Kurve, der Ball startet in Richtung des Baumes A und landet genau auf der Linie des Baumes B.“

3. Wenn Du bei Deiner nächsten Runde einen negativen Gedanken vor einem Schlag verspürst, hole Dein inneres Stoppschild heraus und verpasse Deiner inneren Stimme einen Maulkorb. Nutze dazu Deine Vorstellungskraft, um diesen Vorgang so bunt und detailliert wie möglich zu erleben.

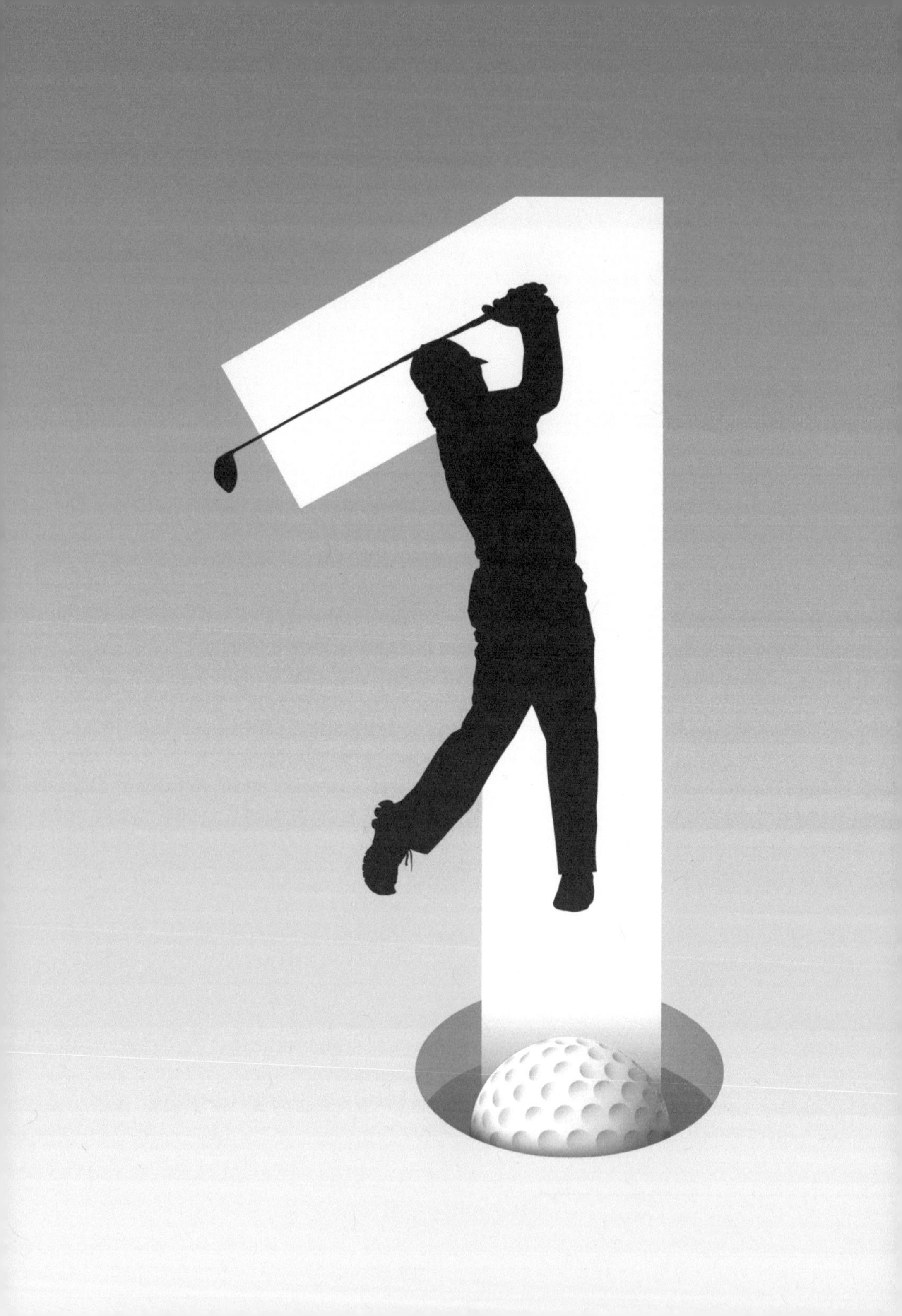

4. Routine und Fokus

Erst nachdem ich vor einigen Jahren damit begonnen habe, mich mit dem Thema Mentaltraining zu beschäftigen, habe ich bemerkt, was ich alles „falsch“ gemacht hatte, während ich einen Golfschläger in der Hand hatte. Eine Routine hatte ich mir jedoch schon recht früh zugelegt – allerdings ohne mir ihrer Bedeutung bewusst zu sein: Ich ging damals davon aus, dass eine einstudierte Anzahl an Probeschwüngen in einer einstudierten Zeitspanne die perfekte Routine sei. Klarer Fall: Wenn ich eine Routine besitze, muss dabei ja das gewünschte Schlagergebnis herauskommen, oder?

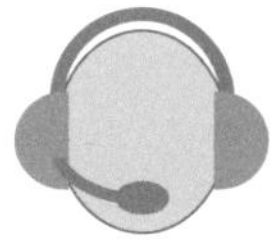

Nutze das KOSTENLOSE WEBINAR „GOAL 1N ONE“ – damit kannst Du Deine Erkenntnisse aus diesem Buch direkt besser umsetzen: www.yannickrosenberger.de/webinar

Komm in Deine „Zone“

Heute weiß ich, dass das völliger Quatsch war. Eine Schlagroutine dient dazu, dass Du Dich in Deine „Zone“ begibst. Du errichtest damit eine Schutzmauer um Dich herum, in der es nur noch um Dich, Deine Routine, das Ziel und den Schlag geht. Gelingt es Dir, Dich vor einem Schlag immer in den gleichen Zustand zu versetzen, steigerst Du damit die Wahrscheinlichkeit enorm, bessere und konstantere Schläge auszuführen. Mit der Routine hältst Du Deine Zweifel vor einem Schlag oder vor einer Situation von Dir fern. Mit der Routine vollziehst Du immer den gleichen Ablauf, egal ob auf einer Freizeitrunde oder vor einem entscheidenden Schlag während der Clubmeisterschaften.
Ziel der Routine ist es, den gesamten Ablauf, von der Schlägerauswahl über das Visualisieren des Schlags bis hin zum Schlag selbst, Deinem Unterbewusstsein zu überlassen.

Wenn Dir das gelingt, wirst Du mit Sicherheit besser Golf spielen!

4.1 Schlagvorbereitung

Der gewünschte mentale Zustand

Das Ziel einer Routine ist es, Dich in Deinen gewünschten mentalen Zustand zu versetzen.

Der Sportpsychologe Bob Rotella gehört zu den besten Mentaltrainern der USA (1997, S. 96). Er schätzt, dass es den PGA-Tourspielern in 90 bis 95 Prozent der Fälle gelingt, sich in den gewünschten mentalen Zustand zu versetzen.

Hast Du schon einmal im Fernsehen beobachtet, wenn die Profis am Ball stehen, eigentlich kurz davor sind, den Ball zu schlagen, aber dann wieder weggehen und teilweise noch mal ihren Caddie zu sich zu holen? In diesen Fällen haben sie es nicht geschafft, sich in den gewünschten mentalen Zustand zu versetzen. Irgendetwas hat sie gestört, deshalb setzen sie ab und beginnen mit ihrer Routine von vorne. Möglicherweise haben sie sich mit dem gewählten Schläger nicht wohl gefühlt und ihn gewechselt, oder sie entscheiden sich für einen anderen Schlag, weil sie der, den sie bisher spielen wollten, nicht so überzeugt hat.

Laut Rotella schaffen es die besten Spieler der Welt in 90 bis 95 Prozent der Fälle, den gewünschten mentalen Zustand zu erreichen. Ich behaupte mal, dass wir im Amateursport nicht einmal bei zehn Prozent liegen. Oder bist Du der Meinung, dass Du und ich immer unsere Routine konsequent durchziehen?

Deine persönliche Schlagroutine

Im Zusammenhang mit Routinen gibt es einen verbreiteten Irrglauben. Selbst wenn ich stets die gleiche Vorbereitung habe, muss nicht jeder Ball gleich gut fliegen. Leider ist das nicht so. Eine solche Erwartungshaltung hält nur Dein Potenzial zurück.
Erwartungen sind mit Druck verbunden und werden Dich nur hemmen. Hege keine Erwartungen an Deinen Schlag! Beschäftige Dich

lieber mit den Dingen, die Du selbst beeinflussen kannst. Konzentriere Dich auf Deine Routine, denn sie hängt ausschließlich von Dir ab.

Deine Schlagroutine beginnt nach der Auswahl des Schlägers. Bei der Auswahl des Schlägers setzte ich voraus, dass Du die Längen Deiner Schläger beherrschst. Du weißt genau, wie weit Dein Eisen 9, 7 oder 5 fliegt.

Bei der Schlägerwahl gibt es viele verschiedene Dinge, die man beachten kann und muss: Wind, die Lage des Balls, die Härte der Grüns, die Temperatur. Beim Durchgehen dieser ganzen Parameter wecke ich natürlich mein Bewusstsein, so fällt es schwer, die Kontrolle während der Routine wieder an das Unterbewusstsein zu übergeben. Das hat auch schon Rotella gesagt: Es ist viel leichter, sein Bewusstsein ausgeschaltet zu lassen, als es ein- und wieder auszuschalten.

Die laserscharfe Methode

Deshalb habe ich für mich eine sehr praktische Methode entdeckt. Ich messe die tatsächliche Länge zur Fahne mit einem Laser. Und aus meinem Gefühl und aus meiner Erfahrung heraus „schätze" ich die gefühlte Länge zur Fahne unter Berücksichtigung der oben stehenden Parameter.

Wieder ein echtes Beispiel: Mit dem Laser sind es 143 Meter zur Fahne. Normalerweise ein Fall für das Eisen 8. Heute habe ich aber erhöhte Temperaturen, mein Ball liegt leicht im Semi-Rough und ich habe etwas härtere Grüns. Der Ball wird vermutlich zwei bis drei Meter nach vorne springen. Damit fühlt sich diese Distanz an wie ein 134-Meter-Schlag und somit ein Eisen 9.

Sobald ich diese Entscheidung getroffen habe, beginne ich mit meiner Routine.

Visualisierung ist der Kern Deiner Routine

Eine Routine ist ein Set an Handlungen resp. eine Handlungsabfolge, die Du in einer bestimmten Situation immer in derselben Art ausführst, sie wird zu einem Automatismus.

Es ist gar nicht wichtig, ob Du dabei fünf oder gar keinen Probeschwung machst. Es zählt einzig, ob es Dir während der Routine gelingt, Dich in Deinen gewünschten mentalen Zustand zu versetzen. Ob Du alles ausschalten kannst, bis auf Dein Ziel, Deine Routine und Deinen Schlag.
Der Visualisierungsprozess Deines Schlags sollte ein fester Bestandteil der Routine sein, denn er bildet das Kernstück der Routine.

Wie schafft man es, in 90 bis 95 Prozent der Fälle den gewünschten mentalen Zustand zu erreichen?

Hierfür scheinen mir zwei Erklärungen naheliegend:

Die besten Spieler der Welt trainieren heute nicht nur mehr auf der Range und auf dem Grün, sondern auch eisern ihre Schlagroutine. Du könntest sie wahrscheinlich nachts um drei Uhr wecken und sie werden Dir den genauen Ablauf ihrer Routine herunterbeten können.

Ein zweiter wichtiger Punkt ist für mich, dass sie wahrscheinlich einen Anker setzen. Dieser Anker wird vor allem dann wichtig, wenn man verunsichert ist, wenn sich Quatschi lautstark meldet oder wenn es auf den letzten Löchern um Sieg oder Niederlage geht. Ein Anker bringt Dich in Deine Zone und schenkt Dir Vertrauen.

4.2 Anker: Gefühlszustand auf „Knopfdruck“

Die „Anker-Technik“ gehört zu den Grundlagen der Neurolinguistischen Programmierung (NLP).

Über eine sogenannte Reiz-Reaktionskopplung kannst Du Dich quasi per Knopfdruck in einen gewünschten Gefühlszustand versetzen. Viele Beispiele für eine Reizreaktion kennst Du aus Deinem Alltag; ein ganz einfaches: Du läufst hungrig an einem Grillplatz vorbei, oder Deine Nachbarn haben gerade den Grill angeworfen. Sobald Du das leckere Essen riechst, produzierst Du ganz automatisch mehr Speichel in Deinem Mund. Diese Reizreaktion läuft ganz automatisch ab. Der Reiz ist dabei der Geruch des Grillfleischs und die Reaktion die vermehrte Speichelproduktion im Mund.

Lass uns das auf das Golfspiel übertragen. Um Dich in Deinen gewünschten Gefühlszustand zu versetzen, suchst Du Dir am besten einen ruhigen Ort. Denke an Deine größten Erfolge auf dem Golfplatz. Erinnere Dich an das Gefühl, als Du nach einer grandiosen Runde den letzten Putt an der 18 gelocht hast. Oder an andere tolle Schläge, die Du nie vergessen wirst. Umso stärker das Bild ist, umso einfacher wird es Dir fallen.

Positive Anker setzen
Alternativ kannst Du es auch direkt praktisch üben. Such Dir einen ruhigen Platz auf der Range. Ist Dir dann ein besonders toller Schlag gelungen, setzt Du Deinen Anker. Der Anker kann eine kleine Geste oder Handlung sein: vom lauten Klatschen in die Hände bis hin zu einer leichten Berührung eines Fingers mit der anderen Hand oder dem Streichen an einem Ohr; manche rollen auch einfach nur die Zunge im Mundraum. Wesentlich ist, dass Du künftig diese Aktion unweigerlich in Verbindung bringen musst und damit mit der superpositiven Erfahrung des besonders tollen Schlages, und dass Du diese Handlung in jeder Situation ausführen kannst (ohne, dass sie Dritten auffällt oder Dir in Gegenwart von anderen Menschen selbst komisch vorkommt). Bei einem Profigolfer wirst Du keine besonders auffälligen Bewegungen nach einem Schlag sehen, suche also besser auch nach etwas Unauffälligem.

Weitere Beispiele – gerade für Golferinnen und Golfer geeignet: Du kannst beispielsweise Deinen Handschuh nach dem Schlag öffnen und schließen, oder Du trittst mit Deinem Fuß einmal bewusst auf den Boden. Vielleicht versetzt Du Dir auch einen leichten Klapps auf den Oberschenkel oder Du ballst die Faust. Für was auch immer Du

Dich entscheidest: Du solltest Dich damit wohlfühlen und keine Hemmungen haben, die Geste auch vor 1.000 Zuschauern auszuführen.

Der Anker speichert positive Erfolgsgefühle

Mit dem Anker speicherst Du das Gefühl, das Du in dieser Situation hast. Auch diese Technik funktioniert nicht sofort. Wie beim Golf musst Du das trainieren. Aber jede Wiederholung verstärkt die Kopplung zwischen gewünschtem Gefühlszustand und dem Anker im Gehirn, bis dieser tief in Dir verwurzelt ist. Je intensiver die Vorstellung ist, desto besser und schneller funktioniert die Technik.

Anker mit anderen Situationen in Verbindung bringen

Um jederzeit in Deinen gewünschten mentalen Zustand eintauchen zu können, brauchst Du einen Anker.

Nichts anderes machen wir beim Visualisieren eines Schlags. Wir stellen uns die gewünschte Situation so detailliert und facettenreich wie möglich vor, sodass wir regelrecht in die gewünschte Situation eintauchen.

Genauso funktioniert auch das Ruhigstellen von „Quatschi". Wir holen das imaginäre Stoppschild heraus und sagen ihm innerlich, aber dafür sehr laut: Stopp!!!

Auch dabei kannst Du noch einen zusätzlichen Anker setzen: Leichtes Ziehen an Deinem Armband oder an Deiner Hosentasche. Ein für Dich eindeutiges Stoppsignal!

Der Sinn des Ankerns besteht darin, eine Verbindung zwischen Deinem Geist und Deinem Körper herzustellen. Während Du Deinen gewünschten Schlag visualisierst, gibst Du mit dem Anker dem Körper ein eindeutiges Signal, dass Du jetzt in Deinen gewünschten mentalen Zustand eintauchen möchtest. Da Ankern nicht von heute auf morgen funktioniert, musst Du es trainieren. Aber es lässt sich ganz leicht in jedes Training integrieren. Im ersten Schritt pflanzt Du den Anker beispielsweise, indem Du nach einem guten Schlag die Faust ballst. Im nächsten Schritt wendest Du den Anker an, indem Du vor, während oder nach Deinem Visualisierungsprozess Deine Faust ballst, um Deinen Geist noch stärker mit Deinem Körper zu verbinden. Das wird Dich tiefer in Deinen gewünschten mentalen Zustand versetzen. Lass uns an der Stelle wieder zurückkommen zu unserer Routine, denn hier gibt es noch einiges zu besprechen.

4.3 Post-Shot-Routine

Den Begriff der „Post-Shot-Routine" kannte ich bereits viele Jahre, hatte allerdings die Wichtigkeit dieser Routine erst verstanden, als ich mich näher mit dem Mentaltraining auseinandergesetzt habe. Deshalb hatte ich viele Jahre einfach keine. Das ist für emotionale Menschen (wie mich und vielleicht auch Dich) aber eher schlecht. Denn wenn Dir eine solche Routine fehlt, begibst Du Dich in die Abhängigkeit von Ergebnissen, auf die Du fast keinen Einfluss hast.

Was machst Du immer nach dem Schlag?
Weil mir die Post-Shot-Routine fehlte, hingen meine Gefühle einzig vom Ergebnis meines Schlages ab. Das ist übrigens mit das Schlimmste, was Dir auf dem Golfplatz passieren kann. Denn so bist Du niemals Herr der Lage.
Auch beim Abschluss eines Schlages ist weniger entscheidend, *was* Du tust, sondern *dass* Du es tust.
Nach einem guten Schlag kannst Du Deinen Anker setzen, um das Gefühl, das Du jetzt hast, in Deinem Gehirn zu verstärken.
Aber wie gehst Du mit schlechten Schlägen um? Schreien? Den Schläger wegwerfen? Dich selbst beleidigen? Das habe ich alles probiert und glaube mir, das sind alles keine guten Optionen.

100 Prozent in die Gegenwart zurückkehren
Du brauchst eine andere Strategie. In meiner Welt ist das Ziel der Post-Shot-Routine, den letzten Schlag zu verarbeiten, um danach wieder zu 100 Prozent in der Gegenwart zu sein, also nicht mehr über den misslungenen Schlag nachzudenken. Es gibt Spieler, die regen sich niemals auf. Sie akzeptieren den Schlag exakt so, wie er ist. Andere Spieler beschäftigen sich nach einem schlechten Schlag

mit etwas anderem: Sie konzentrieren sich nur auf ihre Atmung, um sich abzulenken und sich zu beruhigen. Andere holen sofort ihr Birdiebook heraus, um zu schauen, wo der Ball jetzt ungefähr liegen könnte. Wieder andere lassen den Frust kurz ab, indem sie auf den Boden stampfen oder sogar mal den Schläger fallen lassen. Im Profisport wirst Du (fast) keine Spieler treffen, die sich so lange mit einem Fehler beschäftigen, dass er sie eine ganze Runde kosten wird. Sie haben eine einstudierte Lösung.

Was ist Deine Post-Shot-Routine?
Jeder Mensch ist anders, deswegen ist es wichtig, dass Du eine persönliche Strategie hast, damit Du beim nächsten Schlag wieder voll da bist.

Als Leitfaden möchte ich Dir eine Strategie vorstellen, die Deine *komplette* Routine betrifft. Sie beginnt schon vor der Pre-Shot-Routine und endet erst mit dem Abschluss Deiner Post-Shot-Routine. Die darfst Du gern abändern, denn Du musst Dich damit wohlfühlen. Deine Routine und Du müssen einfach unzertrennlich sein.

4.4 Die 4-Boxen-Strategie

Die 4-Boxen-Strategie umfasst Deine vollständige Routine. Sie beginnt bei der richtigen Auswahl Deines Schlägers und endet erst mit der vollständigen Verarbeitung und dem Abschluss Deines Schlags.

1. Die Strategie-Box
Die erste Box ist die *Strategie-Box*. Hier entscheidest Du, welcher Schläger und welcher Schlag für diese Situation am besten geeignet ist. Du beziehst die Lage des Balls, Wind, Temperatur, Fahnenposition und die Härte der Grüns in Deine Entscheidung mit ein. Versuche, nicht bewusst in die Situation einzugreifen. Dein erster Impuls ist meist der richtige.

Die 4-Boxen-Strategie

Strategie-Box

Pre-Shot-Box

Play-Box

Post-Shot-Box

Abb. 12: Die 4-Boxen-Strategie
Quelle: eigene Darstellung

2. Die Pre-Shot-Box

Sobald Du eine Entscheidung getroffen hast, geht es weiter mit Box Nr. 2: die *Pre-Shot-Box*.
In der Pre-Shot-Box spulst Du Deine Routine vor dem Schlag ab. Jetzt visualisierst Du Deinen Schlag. Du siehst vor Deinem inneren Auge, wie Du den Schläger schwingst und der Ball das Schlägerblatt verlässt. Du spürst den leichten Windzug, der Ball startet leicht links von der Fahne, in der Luft wird er vom Wind noch leicht nach rechts in Richtung Fahne getragen. Genau einen Meter vorm Loch kommt er auf und rollt tot an die Fahne. Ein fantastischer Golfschlag! Zur Lockerung kannst Du auch gerne noch Probeschwünge machen. In einen Probeschwung gehören allerdings weder technische Gedanken noch eine Wertung, ob der Schwung jetzt gut war. Sie dienen zur Lockerung. Der Fokus liegt auf Deinem Ziel. Du hast Deine Pre-Shot-Routine beendet, wenn Du den Ball ansprichst. Ein letzter entschlossener Blick in Richtung Ziel.
Damit erreichen wir die dritte Box, die sogenannte *Play-Box*.

3. Die Play-Box

Sobald Du Dich in die Play-Box begibst, hast Du alles getan, was in Deiner Macht liegt, damit der Schlag gelingt. Du übergibst den Schlag Deinem inneren Profi, Deinem Unterbewusstsein. Er weiß genau, wie dieser Schlag funktioniert, und wird ihn bestmöglich für Dich ausführen. Im Vorfeld hast Du nach bestem Wissen eine Schlägerwahl getroffen. Du hast den Schlag, den Du jetzt spielen möchtest, visualisiert und vor Deinem inneren Auge schon einmal abspielen lassen. Sobald Du das letzte Mal zum Ziel geschaut hast und Dein Blick wieder beim Ball angekommen ist, heißt es GO!

4. Die Post-Shot-Box

Die vierte und letzte Box ist die *Post-Shot-Box*. Hier hast Du Deinen Ball bereits geschlagen und mit dem Erreichen Deiner Endposition des Schwungs gehst Du von der Play-Box über in die Post-Shot-Box. In dieser Box verarbeitest Du Deinen Schlag, um Dich gleich wieder auf Deinen nächsten zu konzentrieren.
Einen Schlag kannst Du ganz unterschiedlich interpretieren. Er kann gut, mittelmäßig oder schlecht gewesen sein. Vielleicht hattest Du einen guten Schwung mit einem schlechten Ergebnis, oder Du hattest ein gutes Ergebnis, aber einen schlechten Schwung. Wie Du den Schlag bewertest, ist am Ende aber egal. Denn in dieser Box ist es wichtig, den Schlag zu verarbeiten und abzuhaken. Wenn Du einen guten Schlag gemacht hast, mit dem Du wirklich zufrieden bist, dann speicherst Du ihn mit Deinem Anker ab. Aber auch ein guter Schlag sollte möglichst schnell verarbeitet werden. Es ist nicht verwerflich, sich über einen guten Schlag übermäßig zu freuen. Freue Dich darüber, so stark wie Du willst. Positive Emotionen sind wichtig. Die Freude sollte nur nicht in Euphorie umschlagen. Geht der nächste Schlag dann daneben, kann es sein, dass sich Deine negativen Emotionen vervielfachen. In so einem Fall wird Deine Runde emotional wie ein EKG aussehen.

Sehr guter Schlag – Anker setzen nicht vergessen

Nach einem guten Schlag setzt Du Deinen Anker und gehst mit breiter Brust zu Deinem nächsten Schlag. Behalte immer Deinen Fokus auf dem nächsten Schlag.

Auch schlechte Schläge müssen verarbeitet werden

Nach einem schlechten Schlag ist die Vorgehensweise sehr ähnlich. Für mich ist es allerdings viel schwieriger, einen schlechten Schlag in wenigen Sekunden abzuhaken.

Von vielen Trainern liest man dazu exakte Anweisungen. Aus meiner Sicht ist das aber eine sehr individuelle Situation, die sich schlecht pauschalieren lässt. Das hängt stark von der Persönlichkeit ab.

Den Schlag „umerleben"

Eine Möglichkeit ist es, den Schlag an Ort und Stelle umzuerleben und damit direkt das richtige Signal an Dein Gehirn zu senden. Wir haben schon im vorigen Kapitel darüber gesprochen, wie Du einen Schlag oder ein Ereignis am Abend umerleben kannst, um die negative Erfahrung durch eine positive in Deinem Gehirn zu ersetzen. Das kannst Du allerdings auch direkt nach einem schlechten Schlag machen.

Wenn der Schlag nicht so gelungen ist, wie Du es Dir vorgestellt hast, gehst Du zuerst aus der Situation heraus und atmest einmal durch. Gehe dazu einen Schritt zur Seite. Anschließend stellst Du Dich wieder genau an die Stelle, von der aus Du den Schlag absolviert hast und machst noch einmal ein bis drei Probeschwünge, am besten in Zeitlupe. Dabei gehst Du in Dein geistiges Kino und stellst Dir bei den Probeschwüngen genau den Schlag vor, den Du Dir in Deiner Pre-Shot-Routine während Deines Visualisierungsprozesses vorgestellt hast. Wie wolltest Du den Ball spielen? Wo sollte der Ball starten? Wo sollte der Ball landen? Wie sollte sich der Schlag anfühlen? Auch hier gilt umso klarer das Bild umso besser kommt es in Deinem Gehirn an. Wie Du bereits weißt, kann das Gehirn nicht zwischen Realität und Fiktion unterscheiden. Die Botschaft, die in Deinem Gehirn ankommt, ist eine positive und somit wirst Du als letztes, bevor Du zu Deinem nächsten Schlag gehst, ein positives Bild im Kopf haben. Ein positiver Nebeneffekt ist: Während Du Dir den Schlag nochmals vorstellst, den Du spielen wolltest, kannst Du Dich nicht gleichzeitig aufregen. Sobald Du dann Deinen Schläger ins Bag gepackt hast, ist dieser Schlag abgehakt.

Mein Tipp:

Schreibe Dir Deine Routine von Anfang bis Ende auf. Jedes Detail hilft Dir, sie schneller zu verinnerlichen. Notiere die Routine wie ein Drehbuchschreiber, so hast Du einen festen Ablauf.

Neben der „Schwungroutine“ gibt es noch weitere Möglichkeiten, sich eine Routine zu eigen zu machen und davon zu profitieren. Eines der wichtigsten Dinge ist, sein Training zu strukturieren und auch dort eine Routine zu etablieren.

4.5 Die Trainingsroutine

In Büchern und Videos der besten Trainer der Welt geht es bei der Schwungtechnik immer um einen ganz bestimmten Punkt: das Set-up, die Basics.

Das Set-up, also die Ansprechposition, ist die Basis Deines Schwungs.

Tipps für Dein Set-up

Wenn Du die besten Spieler Deines Clubs beim Training beobachtest, wirst Du wahrscheinlich bemerken, dass sie häufig einen Stab auf den Boden legen, um ihre Ausrichtung zu kontrollieren. Regelmäßig nehmen sie sich auch auf Video auf, um zu kontrollieren, ob die Hüft- und Schulterposition in der Ansprechposition zum Ziel zeigen. Nimm Dir ruhig ein bisschen Zeit, diese Könner zu beobachten. Du profitierst auf jeden Fall davon. Du solltest generell am besten nur mit Ausrichtungsstab auf der Range trainieren.

Selbst Golfer der Weltspitze tun dies. Und die haben eigentlich so schon ein deutliches bessere Gespür als wir Hobbyspieler dafür, ob ihre Ausrichtung korrekt ist. Auf dem Platz musst Du absolut von Dir überzeugt sein, dazu gehört auch, dass Du weißt, ob die Ausrichtung passt. Auf dem Platz solltest Du das nicht mehr kontrollieren müssen oder darüber nachdenken.

Tipps für Deine Trainingsroutine

Eine Trainingsroutine beschränkt sich allerdings nicht nur auf die Kontrolle des Set-up. Eine Routine umfasst mehrere Schritte, die Du einstudierst und ständig wiederholst.

Eigne Dir Übungen an, die von jetzt an zu Deinem Training gehören. Binde regelmäßige Tests mit in das Training ein. Die musst Du nicht ständig ausführen, aber wenigstens in regelmäßigen Abständen, zum Beispiel alle vier Wochen.

Hier mal meine Tipps für Übungen, die ich Dir für Deine Trainingsroutine empfehle.

Übung 1: Trainingsroutine

N-O-S-W: 1-Meter-, 1,5-Meter-, 2-Meter-Putts aus allen vier Himmelsrichtungen. Daraus könntest Du auch einen Test machen. Zum Beispiel darfst Du erst nach Hause, wenn Du von jeder Station alle vier Putts gelocht hast. Variationen gibt es hier reichlich. Lass Deiner Kreativität ruhig freien Lauf.
Was Du zu dieser Übung benötigst, sind vier Tees und ein bis vier Bälle.

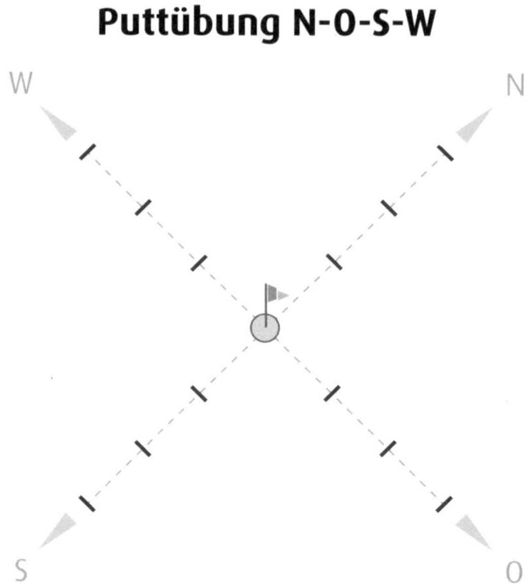

Abb. 13: **Übung 1 – Puttübung „N-O-S-W"**
Quelle: **eigene Darstellung**

Übung 2: Trainingsroutine

Up & Down: Mit dieser Übung trainierst Du nicht nur das Putten, sondern auch Chippen. Wähle beispielsweise neun Löcher aus und versuche hier sechs von neun Ups & Downs zu machen. Auch hier darfst Du ganz frei variieren. Spiele weniger Löcher oder ändere die Zahl der Ups & Downs, die Du machen möchtest. Oder Du gibst Dir ein Zeitlimit oder spielst 18 Löcher oder nimmst Dir sechs Ups & Downs in Folge vor. Variiere die Ausgangssituation. Von einem Standardchip aus sechs Metern bis hin zu einem schwierigen Flop Shot auf eine kurz gesteckte Fahne. Variationen steigern Dein Ballgefühl, denn bei jeder Station musst Du einen anderen Schlag spielen. Setze Dir auch bei dieser Übung Ziele. Handlungsziele könnten sein, dass Du eine Stunde trainieren willst oder neun Löcher spielst. Oder Du setzt Dir ein Ergebnisziel, zum Beispiel fünf von neun Ups & Downs.

Übung 3: Trainingsroutine

In or out: Diese Aufgabe findet auf der Driving Range statt. Du fängst mit einem kurzen Schläger an, zum Beispiel mit einem Pitching Wedge. Suche Dir einen Korridor von ca. acht Metern. In diesen Korridor spielst Du jetzt fünf Bälle mit dem ausgewählten Schläger. Dann gehst Du zum nächsten Schläger über. Das ist übrigens auch eine schöne Einheit, um zusätzlich Deine Routine zu üben. Hier geht es um keine Technik. Es geht nur um Dich, den Ball und Dein Ziel. Dein Ziel ist allerdings nicht der Korridor, sondern ein exakter Punkt innerhalb des Korridors.

In der Übung kannst Du auch prima Dein Ergebnis notieren. So siehst Du, welche Fortschritte Du machst. Natürlich kannst Du die Einheit auch nur dazu nutzen, um Deine Routine zu verbessern und Dich in den gewünschten mentalen Zustand zu versetzen. Du kannst diese Übung mit jedem einzelnen Schläger machen, oder Du überspringst

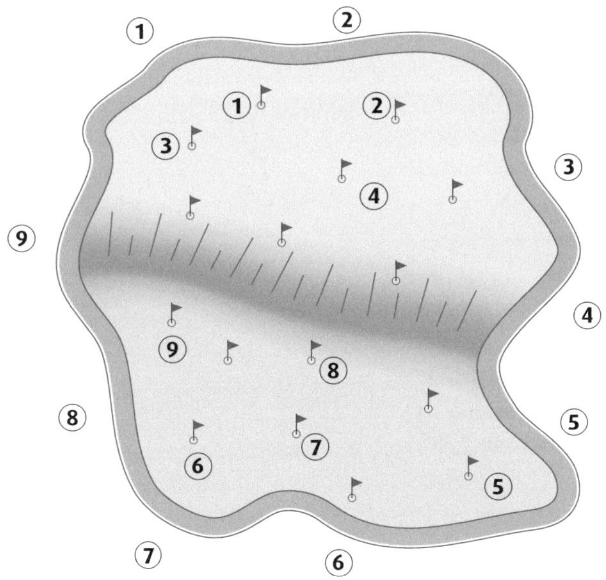

Abb. 14: Übung 2 – Kurzspielübung „Up and Down"

Quelle: eigene Darstellung

immer einen Schläger. Ab dem Eisen 9 würde ich den Korridor auf zehn Meter ausweiten. Sobald Du beim Eisen 6 angekommen bist, würde ich den Korridor wieder ein wenig größer machen, vielleicht um die zwölf bis 15 Meter. Bei einem Hybrid, Holz oder Driver würde ich auf 20 bis 25 Meter gehen, das entspricht in etwa der Breite eines Fairways.

Übung 4: Trainingsroutine

Leg-Putts: Eine weitere Kurzspielübung besteht aus dem Training Deiner langen Putts. Der erste Putt, den ein Durchschnittsgolfer auf der Runde hat, ist meist zwischen zehn und 15 Metern lang. Nur wirklich wenige trainieren ihre langen Putts. Während es bei einem kurzen Putt vor allem auf die Richtung ankommt, geht es bei einem langen Putt fast ausschließlich um die Länge. „Pin-High wins".

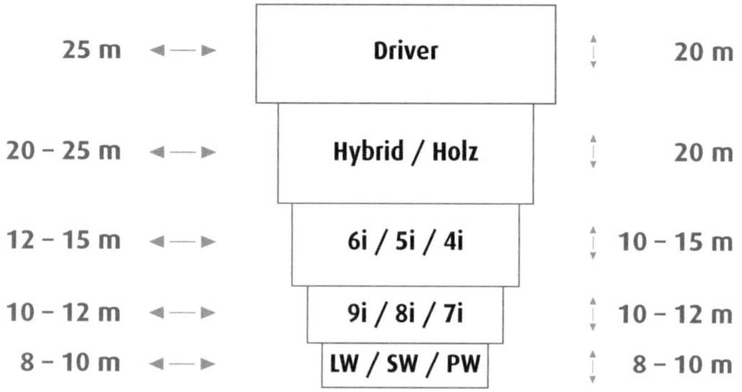

Abb. 15: Übung 3 – Trainingsübung „In or out"
Quelle: eigene Darstellung

Trainiere die Putts zwischen acht und 15 Meter. Schreite die Entfernung ab, und spiele zuerst aus jeder Entfernung drei Bälle hintereinander zum Loch. Es ist gar nicht nötig, den Ball direkt einlochen zu wollen. Stecke Dir mit Tees rund um das Loch einen Kreis von einem Meter. Darin soll der Ball liegen bleiben. Nach dem ersten Durchgang legst Du wieder drei Bälle an jede Station. Jetzt machst Du aber nur

einen Putt pro Station. Sobald Du mit dem 15-Meter-Putt fertig bist, fängst Du wieder beim 8-Meter-Putt an. Solange, bis alle drei Bälle von jeder Entfernung gespielt sind.
Für Deine langen Putts kommt es auf Deinen Rhythmus an.
Den kannst Du mit zwei einfachen Übungen trainieren: Nutze ein Metronom. Das gibt es heute in jeder Form einfach als App. Du stellst es dann auf Deinen Rhythmus ein. Das Ziel besteht darin, exakt beim ersten Geräusch auszuholen und beim zweiten Klicken den Ball zu treffen. Diesen Rhythmus kannst Du Dir aber auch selbst „vorsagen".
Dein Rhythmus ist ab jetzt 1.001! Beim Ausholen des Putters sagst Du Dir innerlich langsam 1.000. Im Treffmoment fügst Du Deiner Zahl eine 1 hinzu.
Also Ausholen, 1.000 langsam vorsagen, den Schläger wieder in Richtung Ball bewegen und die 1.

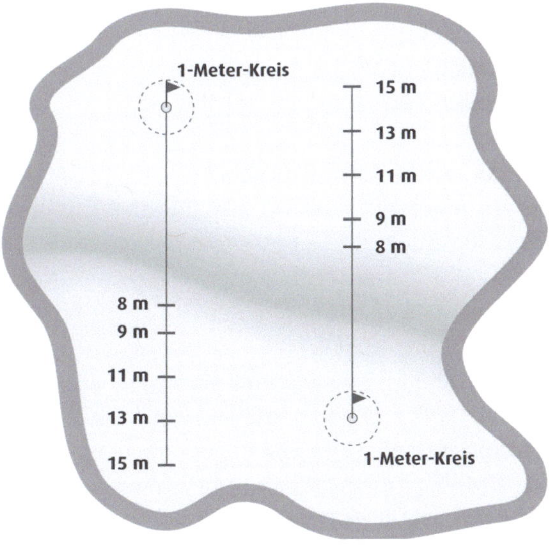

Abb. 16: Übung 4 – Puttübung „Leg-Putts"
Quelle: eigene Darstellung

Regelmäßigkeit ist entscheidend
Ich habe ja schon erwähnt, dass es zwar entscheidend ist, *was* Du machst, aber noch viel mehr, dass Du es *regelmäßig* tust.
Also schließe Dein Training in Zukunft immer mit einer Kurzspielübung ab. Das verhindert, dass Du nur auf der Driving Range stehst. Das bringt Dich weiter im entscheidenden Teil Deines Spiels. Denn nichts spart Dir mehr Schläge als Dein kurzes Spiel ein.
Dazu später aber noch mehr.

4.6 Der richtige Fokus

Was ist hier mit Fokus gemeint? Wenn Du im Leben eine Sache besser beherrschen willst, musst Du Deinen Fokus auf diese eine Sache richten. Wenn Du ein privates oder berufliches Ziel erreichen willst, muss Dein Fokus auf das Ziel gerichtet sein. Das Ziel verlangt Deine Aufmerksamkeit, Deine Energie, Deinen Fokus. Das schauen wir uns jetzt im Zusammenhang mit Deinen Modi (wie Trainings- und Turniermodus) genauer an.

Trainingsmodus *versus* Turniermodus?
Ich habe herausgefunden, dass wir alle auf dem Golfplatz zwei verschiedene Modi besitzen, die leider wenig miteinander zu tun haben: Trainingsmodus und Turniermodus.

Was unterscheidet die Modi?
Vielleicht denkst Du nun, dass ich Dich veralbern will: „Klar, wenn ich trainiere, bin ich im Trainingsmodus, und wenn ich ein Turnier spiele, bin ich im Turniermodus. Oder wie?“ Lass mich erklären, wie ich es meine: Beim Trainingsmodus kümmere ich mich um meine Technik. Hier geht es um all das, was Dir Dein Trainer erklärt und beigebracht hat.

Im Turniermodus trainiere ich immer mit einem Ziel. Wenn Du auf der Range stehst, suchst Du Dir ein klares Ziel. Was auch immer das ist:

ein besonders auffälliger Baum, ein Ast, ein Schild oder Ähnliches. Du fokussierst Dich nur auf dieses Ziel. Du kannst auch einen Korridor auswählen und den Ball immer wieder in den Korridor schlagen. Notiere dabei am besten, wie viele Bälle im Korridor gelandet sind. Suche Dir auch im Korridor ein exaktes Ziel, das Du anpeilst.

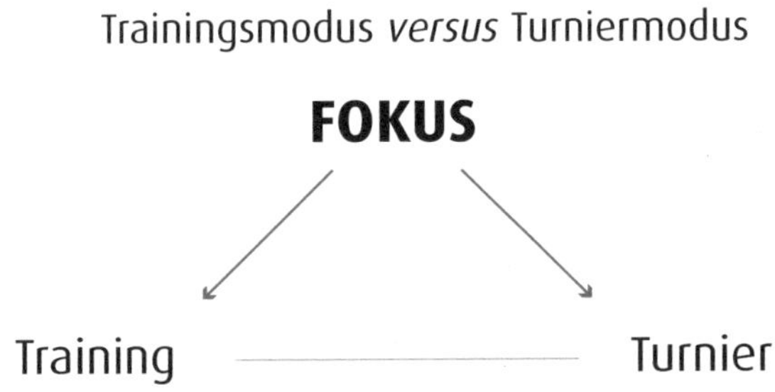

Abb. 17: Fokus
Quelle: eigene Darstellung

Den Turniermodus kannst Du auch Zieltraining nennen. Denn genau darum geht es dabei. Im Turniermodus trainierst Du, als wärst Du gerade bei einem wichtigen Turnier. Du trainierst so, als befändest Du Dich jetzt im Wettbewerb. Kein technischer Gedanke hat hier etwas zu suchen. Es geht nur um das Ziel. Dein Unterbewusstsein weiß genau, wie Dein Schwung funktioniert, es weiß, wie es den Schlag ausführen muss. Du wirst niemals so gut schwingen können wie Dein Unterbewusstsein, Dein innerer Profi.

Nutze den Turniermodus auch im Training

Der Punkt ist, dass Du den Turniermodus auch im Training nutzen musst. Wenn Du nur in den Turniermodus schaltest, wenn Du bei einem echten Turnier bist, kannst Du Dir keine Routine für das Turnier aufbauen.
Frage Dich doch mal, wie stark liegt Dein Fokus im Training auf dem Turniermodus? Null, zehn, 20 Prozent?

Und was meinst Du, wäre ein gutes Verhältnis?

Damit ich im Turnier voll und ganz auf das Ziel und den Moment fokussiert bin, muss ich genau das trainieren. Deswegen fokussiere ich mich auch auf einer Privatrunde darauf. Im Fokus stehen das Ziel und der Ablauf meiner Routine. Gedanken an die Technik sind hier unangebracht.

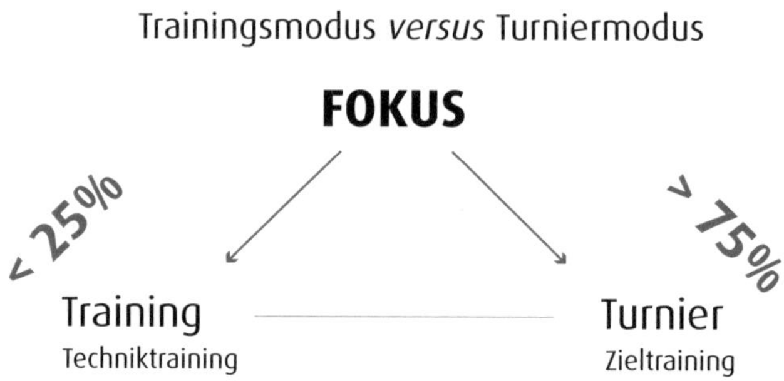

Abb. 18: Der richtige Fokus
Quelle: eigene Darstellung

Genauso muss ich, um im Turnier wirklich abliefern zu können, den Turniermodus auch im Training üben.

Du kannst z. B. die 18 Löcher Deines Heimatplatzes auf der Range spielen. Dort konzentrierst Du Dich nur auf das Ziel: Du siehst das Fairway des ersten Lochs und hast für Dich definiert, wo der Ball landen soll. Jetzt führst Du Deine Routine durch und schlägst den Driver genau dorthin. Anschließend folgt der zweite Schlag. Du stellst Dir vor, wo das Grün ist und wo die Fahne steht. Wenn Du zum Beispiel nach einem guten Abschlag noch 140 Meter zur Fahne hast, dann nimmst Du jetzt den Schläger, der für diese Distanz passend ist. Tue so, als wärst Du in einem wichtigen Turnier.

Turniermodus schlägt Trainingsmodus

Kommen wir zurück zu dem richtigen Verhältnis zwischen Trainingsmodus und Turniermodus. Im Training und in Privatrunden sollte der Fokus zu mindestens 70 bis 80 Prozent auf dem Turniermodus liegen. Im Winter kannst Du Dich auch eine gewisse Zeit überwiegend dem Techniktraining widmen. Dafür solltest Du während der Turniersaison auf keinen Fall weniger als 70 Prozent im Turniermodus trainieren.

Zusammenfassung des Kapitels

1. Das Ziel der Schlagvorbereitung besteht darin, sich in den gewünschten mentalen Zustand zu bringen. Die einstudierte Routine soll Dir dabei helfen.

2. Nutze die Ankertechnik, um Dich zu jederzeit, vor allem wenn Du verunsichert bist, in Deinen gewünschten mentalen Zustand zu versetzen.

3. Um jederzeit Herr der Lage zu sein, musst Du auf jede Situation reagieren können. Deine Post-Shot-Routine hilft dabei, dass aus Deiner Golfrunde keine emotionale Achterbahnfahrt wird und Du stets im Hier und Jetzt bist.

4. In der Play-Box gilt Dein Fokus nur Deinem Ziel, überlasse alles andere Deinem Unterbewusstsein.

5. Ein großer Hebel für eine zeitnahe Verbesserung Deines Handicaps ist die Neuausrichtung Deines Fokus. Reduziere den Trainingsmodus und erhöhe den Turniermodus.

To-do des Tages

1. Studiere eine Routine ein und halte sie schriftlich fest. Wie immer gilt, umso detaillierter und bunter, desto besser. Deine Routine beginnt mit Deiner Schlägerauswahl und endet erst mit der abgeschlossenen Verarbeitung des Schlages. Wie willst Du Dich in Zukunft auf einen Schlag vorbereiten? Wie kannst Du die Visualisierung Deines Schlages in Deine Vorbereitung einbauen?

2. In diesem Kapitel gibt es nur eine Aufgabe, denn das Einstudieren und Umsetzen Deiner Routine ist für mich ohne Alternative. In diesem Fall gibt es kein „Könnte man mal machen". Bitte beantworte Dir dazu folgende Frage: Möchtest Du Dich in Zukunft auf Deinen Schlag wie ein Amateur oder wie ein Profi vorbereiten? Was glaubst Du, mit welcher Vorbereitung Du bessere Ergebnisse erzielen wirst?

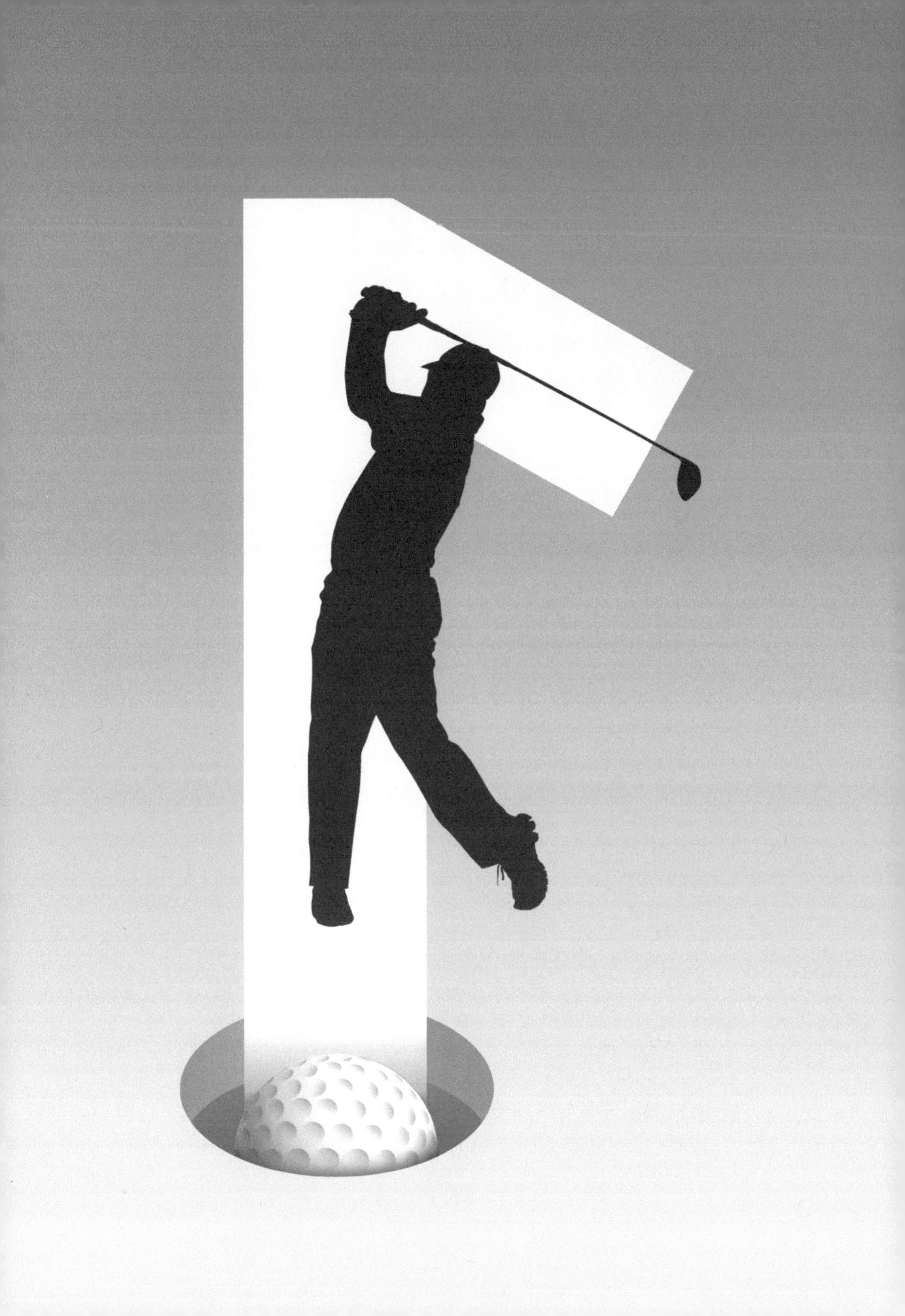

5. Umgang mit Nervosität und Druck

Nutze das KOSTENLOSE WEBINAR „GOAL 1N ONE“ – damit kannst Du Deine Erkenntnisse aus diesem Buch direkt besser umsetzen: www.yannickrosenberger.de/webinar

Lass mich Dir eine kleine Geschichte erzählen: Clubmeisterschaften.

Als ich morgens auf den Golfplatz lief, war ich voller Vorfreude, endlich beginnen die lang erwarteten Clubmeisterschaften. Heute steht die erste Runde an, es ist um Viertel vor sieben fast noch dunkel. Keine einzige Wolke ist am Himmel zu sehen. Der Golfgott hat bestes Wetter für uns bestellt. Ich stand wie immer 50 Minuten vor dem Start auf der Range und fing mit dem Einschlagen an. Zuerst kleine Pitches, 40 bis maximal 50 Meter, dann ging es mit längeren Pitches zwischen 70 und 100 Meter weiter.
Alles fühlt sich gut an, der Schläger geht butterweich durch den Ball. Die Ballkontakte sind prima und die Bälle landen genau im Ziel. Das wird ein guter Tag, denke ich mir. Auch die Eisen fühlen sich super an: Draw, Fade, Punch. Nichts scheint heute ein Problem zu sein. Auch mit dem Driver landet ein Ball nach dem anderen im Ziel.

Auf geht's zum Putting. Wie immer mache ich erst einige 10- bis 15-Meter-Putts, um ein Gefühl für die Geschwindigkeit des Grüns zu bekommen und mein Gefühl zu stärken. Alle Putts bleiben im Umkreis von einem Meter liegen, genau so, wie ich es möchte.

Jetzt noch schnell das Selbstvertrauen bei den Meterputts stärken und ein paar Putts aus zwei, drei, vier und fünf Metern machen, und dann kann es losgehen.
Das Gefühl ist toll. Also, auf geht's ins Turnier.

Die Nervosität steigt
Auf dem Weg zum ersten Abschlag steigt mein Puls, ich bin nervös. Ich frage mich, ob das heute auf dem Platz genauso gut wie auf der Range läuft. Das erste Loch ist ein kurzes Par 5, leichtes Dogleg nach rechts. Nach einem guten Drive ist es ohne Probleme mit dem zweiten Schlag erreichbar.

Ich ziehe also meinen Driver aus dem Bag, nur noch wenige Minuten bis zum Start. Ich werde immer nervöser. Schon wieder muss ich an den einzigen Drive denken, der vorhin leicht links abgebogen ist. Wenn ich den hier jetzt auch mache, kann ich mir das Birdie schon fast abschminken, denke ich mir.

Es geht los! 7:30 Uhr!
„Schönes Spiel!", wünsche ich meinen beiden Kollegen und setze den Ball aufs Tee. Meine Körperspannung ist weg, ich bin einfach zu nervös. Kein Wunder, ich habe ja auch seit fünf Wochen kein Turnier mehr gespielt. Ich stelle mich an den Ball, leicht zittrige Knie, mein letzter Gedanke gilt dem verzogenen Abschlag auf der Range.
Und da ist er ... weit rechts weg. Von da ist das Grün nur sehr schwer mit zwei erreichbar. Nichts war's mit der Zauberrunde, denke ich mir.

Ist Dir das auch schon passiert? Bist Du oft nervös? Dann habe ich hier ein paar gute Nachrichten und ein paar Tipps für Dich!

5.1 Nervosität

Die gute Nachricht ist: Nervosität wird nur allzu oft als etwas Negatives ausgelegt, etwas, das die Leistung mindert.

Doch das ist totaler Nonsens!

Nervosität ist ein starker Treiber

Nervosität ist ein starker Treiber – genieße und nutze dieses Gefühl.

Dieses Kribbeln im Bauch, die weichen Knie, der hohe Puls und der schnellere Herzschlag bedeuten, dass für Dich das, was jetzt kommt, wichtig ist. Nimm dieses Gefühl an und genieße es, anstatt Angst davor zu haben!

Tiger Woods wurde in seinen besten Zeiten einmal gefragt, ob er denn am ersten Abschlag immer noch nervös sei. Aufgrund seiner Erfahrung, seiner Dominanz und seiner vielen Siege dürfte das ja wohl nicht mehr der Fall sein.
Darauf antwortete er ganz trocken, dass er an dem Tag, an dem er keine Nervosität mehr am ersten Abschlag verspüre, sofort mit dem Golf aufhört und etwas anderes machen werde. Dann das würde bedeuten, dass es ihm nicht mehr wichtig sei, was hier heute passiert.
Besser als Tiger könnte ich das auch nicht beschreiben. Ich liebe dieses Gefühl, ich genieße es. Ich darf heute bei strahlendem Sonnenschein auf einem frisch gemähten Golfplatz ein Turnier spielen. Das ist doch wundervoll, ich genieße es!
Jedes Mal, wenn ich mit meinem Team zu einem DGL-Spieltag fahre und es am Sonntagmorgen losgeht, bin ich unglaublich nervös. Mein Puls ist so hoch, als hätte ich bereits einen Marathon hinter mich gebracht. Das ist die pure Lebensfreude für mich. Ich genieße jede einzelne Sekunde davon. Für mich ist es ein absolutes Privileg, dass ich einer von acht Spielern sein darf, die hier und heute den Golfclub repräsentieren. Dafür habe ich gearbeitet und trainiert. Das darf mir dann gerne sehr wichtig sein.

Wenn der Flow die Nervosität überwiegt

Ich erzähle noch mal eine wahre Story aus meinem (Golfer-)Leben zur Verdeutlichung: Vor über zehn Jahren durfte ich das erste Mal für die erste Mannschaft meines Clubs aufteen. Ausgerechnet gegen St. Leon-Rot, die zu derzeit Golfdeutschland nach Belieben dominiert

haben. Mein Gegner an dem Tag war dann auch noch Moritz Lampert, heute Spieler der European- und Challenge-Tour, damals frischgebackener Europameister und Top 3 der deutschen Amateurrangliste.
Ich weiß noch genau, wie es war, als ich die Paarungen gelesen habe. Ich bin ehrfürchtig zu meinem Captain gegangen und habe nachgefragt, ob ich wirklich dürfe.
Als ich dann am ersten Abschlag stand, war ich so nervös, dass ich nicht wusste, wie ich meinen Schläger überhaupt bewegen soll. Meine Beine waren aus Pudding und der Schläger fühlte sich so schwer an, als wäre er aus Blei.
So nervös wie in dieser Situation war ich noch nie. Aber ich war unerfahren, habe mir darüber auch keinen Kopf gemacht und einfach mal losgelegt. Ich startete mit drei Birdies und war direkt 3 Up. Ich war so im Flow, dass ich nicht mal mitbekommen habe, wie es eigentlich steht. Selbst im ersten Augenblick nicht, als Moritz auf dem 16. Grün zu mir kam und mir gratulierte. Denn ich hatte das Match vorzeitig gewonnen.
Moritz hatte keinen so guten Tag erwischt, während ich grandios gespielt habe. So kann ein Match auch mal zugunsten des klaren Außenseiters ausgehen.

Einstellungssache: Nervosität kann Dich beflügeln

Nervosität ist also nicht nur ein Indiz dafür, dass Dir etwas wichtig ist. Sie kann Dich auch beflügeln und in Dir eine Leistung abrufen, die Du gar nicht für möglich gehalten hast.

Das Gefühl der Nervosität ist leistungsfördernd, nicht -mindernd.

Wichtig ist immer nur, wie Du darauf reagierst: Nimmst Du Nervosität positiv an, spürst Du Deinen Körper und freust Dich darüber, dass Du dieses sensationelle Gefühl empfindest? Oder macht die Nervosität Dir Angst und hemmt Dich?
Du musst Dir bewusst machen, dass Du in diesem Fall Herr Deines Körpers bist. Er sendet Dir Signale, aber Du entscheidest, wie Du darauf reagierst. Nervosität ist nur ein Signal. Wenn Du es mit Freude aufnimmst, hat es keine Macht über Dich und kann im Zweifel Deine Leistung beflügeln.

Freue Dich also lieber auf dieses Gefühl der Nervosität. Es ist für mich mit das Schönste, was ich kenne.
Ich habe viel darüber gelesen, wie man die Nervosität besiegen kann. Die Nervosität am ersten Abschlag, die Nervosität bei einem Vorstellungsgespräch, die Nervosität bei einem wichtigen Geschäftstermin: In meinen Augen bringt es nichts, die Nervosität bekämpfen zu wollen, da ich dann nur vor ihr weglaufe. Sie wird Dich immer mal wieder einholen und Dich kalt erwischen. Es ist aus meiner Sicht viel besser, sie anzunehmen, statt sie bekämpfen zu wollen.

Highlights machen nervös – das ist normal
Es ist doch normal, dass man vor einem Turnier nervös ist – und wenn Dein Highlight der Saison Dich nicht nervös machte, wäre es Dir offenbar genauso wichtig wie das Training an einem Dienstagabend ...

Begrüße die Nervosität als Deinen Helfer, wenn es auf Top-Perfomance ankommt.

Auf ein Highlight solltest Du Dich lange Zeit freuen und Dich darauf vorbereiten. Dann ist es nur natürlich, dass auch Dein Körper darauf reagiert und Du dieses Kribbeln, die weichen Knie, das Herzrasen am Abschlag spürst. Genieße es!

Du weißt doch, was zu tun ist, Du hast den Schwung Tausende Male geübt. Ziehe Deine Routine durch und lass Deinen inneren Profi, Dein Unterbewusstsein, den Ball auf das Fairway schlagen. Du ganz allein hast es in der Hand, ob Dich dieses Gefühl beflügelt oder hemmt. Und wenn die Nervosität das nächste Mal auftaucht, sage Dir innerlich: *„Schön, dass Du da bist, mit Dir kann ich endlich das Beste aus mir rausholen.“*

5.2 Druck

Natürlich wirst Du bei jedem Turnier resp. bei jeder Situation, in der es „darauf ankommt“, Druck verspüren. Erwartungsdruck, Leistungsdruck. Doch siehe es so: Druck ist ein Privileg! Es bedeutet, dass jemand an Dich glaubt, sich jemand auf Dich verlässt, dass jemand

Dir vertraut. Wie Du mit Druck umgehst, entscheidest Du ganz allein. Das ist also ganz ähnlich wie mit der Nervosität.
Es hängt allein von Deiner Einstellung ab, ob Du denkst, dass Du unter Druck nicht arbeiten kannst, oder ob Du meinst, dass Du unter Druck zur Höchstform aufläufst.

Auch der Umgang mit Druck ist Einstellungssache
Wieder ein Beispiel von mir zur Verdeutlichung: Als Anfang Oktober 2015 die Landesmeisterschaften mit meiner Mannschaft anstanden, befand ich mich wahrscheinlich in der schlechtesten Form meines Lebens. Ich hatte wochenlang keinen Ball mehr geradeaus bekommen. Ich stand am Abschlag und wusste nicht mehr, was ich hier machen soll, damit dieser Ball endlich mal in Richtung Fairway fliegt.

Im Juli hatte ich vorher mein Saisonende bekannt gegeben, weil ich einfach nicht mehr wollte und mein Spiel meinem Team auch definitiv keine Hilfe war. Mitte September bekam ich überraschend einen Anruf von meinem Captain, der mich fragte, ob ich in den vergangenen Wochen trainiert hatte. Natürlich nicht, habe ich geantwortet. Er meinte dann, dass er Probleme habe, eine Mannschaft für die Landesmeisterschaften zusammenzubekommen, und fragte dann, ob ich nicht doch spielen könne. Ich lasse mein Team nicht im Stich, also meinte ich, dass ich auf jeden Fall zur Verfügung stünde und die kommenden zwei Wochen intensiv trainieren würde. Alles Weitere müssten wir dann sehen.
Kaum hatte ich aufgelegt, als ich mich auch schon auf die Suche nach meinen Golfschlägern machte. Doch schon auf dem Weg zum Platz beschlich mich ein ungutes Gefühl: „Was ist, wenn ich immer noch keinen Ball vernünftig treffe ... Warum habe ich jetzt bloß zugesagt?! Wir haben 15 Mann im Kader, von denen jeder Einzelne in einer besseren Form als ich ist ..."

Ich versuchte, diese Gedanken und Gefühle zu unterdrücken und fing mit dem Training an. Auf der Range lief es schon Mal ganz passabel, auch auf dem Platz war es nicht so schlimm wie noch vor einigen

Wochen. Allerdings spielte ich auch völlig ohne Druck und nicht unter Turnierbedingungen. Die verbesserte Form schien mein Selbstvertrauen nicht wirklich zu stärken. Immer wieder hatte ich das ungute Gefühl, dass unter Druck nichts funktionieren wird.
Mein Glas war zu dieser Zeit immer halb leer.
Am Turnierort schaute ich mir in der Proberunde jedes Detail des Golfplatzes an. Dies Mal aber nicht, um mich bestmöglich auf einen unbekannten Platz vorzubereiten. Nein, mir ging es vor allem darum, mich auf etwas anderes zu fokussieren. Ich wollte mich ablenken und meinen negativen Gedanken keinen Raum bieten. Alle Alternativen, die ich zu dieser Zeit kannte, bestanden darin, mich akribisch auf diesen Platz zu fokussieren.

Nun ging es los. Der erste Tag stand an und das hieß Zählspiel. Wir spielten in diesem Modus: Jedes Team stellt vier Einzelspieler und drei klassische Vierer. Beim klassischen Vierer spielen zwei Spieler mit einem Ball und schlagen diesen abwechselnd. Es gibt nur die Ausnahme, dass die Abschläge vorher festgelegt werden. Das bedeutet, Spieler A schlägt an allen „geraden" Löchern ab, Spieler B muss an allen „ungeraden" Löchern abschlagen.

Der eigene Angstgegner

Ich war im klassischen Vierer eingeteilt.
Als am ersten Abschlag mein Name aufgerufen wurde, sagte mir meine innere Stimme: „Haha, jetzt musst Du abschlagen!"

Ich war so dermaßen nervös, nein, eigentlich war ich nicht nervös, sondern hatte schlicht Angst davor, eine weitere schlechte Leistung abzuliefern und in ein noch tieferes Loch zu fallen. Ich glaube, ich habe es schon geschrieben. Die Angst ist nicht Dein Freund auf dem Golfplatz. Nur wie gehst Du damit jetzt um? Die Angst war ja jetzt da. Augen zu und durch? Einfach ignorieren? Nach Hause gehen? Ehrlich: Selbst darüber habe ich tatsächlich kurz nachgedacht, die Idee aber doch schnell wieder verworfen.

Ich lief also auf den Abschlag und setze den Ball aufs Tee. Meine Knie waren weich wie Pudding.
Ein letzter Blick ins Birdiebook, um mir noch ein wenig Sicherheit abzuholen. Innerlich ging ich die Fragen durch: Schlägerwahl? Passt! Ziel? Passt, o. k., dann los!

Nach dem Abschlag war ich selbst ein wenig erstaunt, denn der Ball kam doch tatsächlich auf kurz gemähter Fläche zum Liegen. Trotz des guten ersten Abschlags lief die Runde sehr durchwachsen. Am Ende sprang ein sechster Platz heraus.
Das hieß, am nächsten Tag geht es gegen den Abstieg, ausgerechnet gegen ein Team, gegen das Du in einer solchen Situation nicht spielen willst.

Der Modus am zweiten Tag war Matchplay und orientierte sich an den Ergebnissen des ersten Tages. Der Erste spielt gegen den Zweiten um die Plätze 1 und 2, der Dritte gegen den Vierten um die Bronzemedaille. In der Abstiegsrunde spielt der Fünfte gegen den Achten und der Sechste (also mein Team) gegen den Siebten des ersten Tages. Im Matchplay spielt es keine Rolle, wie viel über oder unter Par Du spielst. Es geht nur darum, ob Du das Loch gegen Deinen Gegner gewinnst, teilst oder verlierst.

Mentale Vorbereitung: positive „Stapel" aktivieren

Als ich die Aufstellung für den Finaltag gelesen hatte, war ich selbst überrascht. Ich sollte als letztes Einzel rausgehen. Das bedeutet, im Zweifel liegt der komplette Druck auf mir.

Wenn Du Angst oder massive Zweifel hast, suche Deine positiven „Stapel" in Deinem Unterbewusstsein und gehe geistig wieder in die positive Situation rein, die Dir ein Lächeln auf die Lippen zaubert.

Deshalb sprach ich an dem Abend noch länger mit meinem Trainer, um mich mental auf den morgigen Tag vorzubereiten. Er erinnerte mich daran, was ich in den vergangenen Jahren gerade im Matchplay alles geleistet hatte. Er führte mir nochmal vor Augen, dass ich schon Europameister und heutige European-Tour-Spieler geschlagen hatte. Deswegen gäbe es nicht einen Grund, an mir selbst zu zweifeln. Mein Spiel sei da, mein Spiel sei immer da. Ich müsse nur an mich glauben

und morgen selbstsicher und mit breiter Brust auf den Platz gehen. Dann wäre das Match schon halb gewonnen.
Das ist, zugegeben, leichter gesagt als getan. Andererseits konnte ich ihm auch nicht widersprechen, denn er hatte ja recht. Ich führte mir unsere Gespräche noch einige Male vor Augen und ging dann auch halbwegs beruhigt ins Bett.

Als am Sonntag das Match losging, war ich schon deutlich entspannter. Das lag zum einen daran, dass mir das Gespräch am Vorabend gutgetan hatte. Zum anderen wusste ich genau, heute ist Matchplay: Mit zwei bis drei schlechten Schlägen versaue ich mir nicht die ganze Runde. Ich kann maximal das Loch verlieren. Das gab mir zusätzlich Sicherheit.

Das Match fing an und plätscherte die ersten Löcher vor sich hin. Nach neun Löchern war es dann soweit, und ich ging das erste Mal zwei Down. Nicht gerade das Ergebnis zur Halbzeit, das ich mir erhofft hatte. Es war ein unangenehmes Match: Ich spielte kein schlechtes Golf, mein Gegner machte nur einfach keinen einzigen Fehler. Langsam wurde mir bewusst, dass ich mir etwas einfallen lassen müsste. Auf den ersten neun Löchern gelang es mir nicht, Druck auszuüben und mein Gegner wollte von sich aus einfach keinen Fehler machen. Falls ich jetzt nichts ändere, würde es so in der zweiten Hälfte weitergehen.

Ich entschied mich dazu, ein wenig aggressiver an die Sache ranzugehen. Aber auch das genügte nicht, ihm wenigstens auf den Löchern 10 bis 13 ein Loch abzunehmen. Auf der 14, einem kurzen Par 4, legten wir dann beide unseren Ball auf dem Fairway ab. Ich war als Erstes mit dem zweiten Schlag dran und verzog mein Eisen 9 rund 20 Meter nach rechts neben das Grün. Er spielte den Ball zweieinhalb Meter an die Fahne. Der Druck in der Situation war jetzt extrem hoch. Wenn ich das Loch verliere, gehe ich drei Down auf die letzten vier Löcher. Und das gegen jemanden, der schon den ganzen Tag keinen Fehler macht. Mir wurde klar, dass ich das wahrscheinlich nicht mehr

drehen könnte. Außerdem brauchten wir zu dem Zeitpunkt mindestens einen halben Punkt aus dem Match, um den Abstieg abzuwenden.
Emotional war mein Glas auf dem Weg zum Grün wieder halb leer. Der Chip war so einfach, den hätte ich mit verbundenen Augen tot an das Loch legen können. Meine Gedanken kreisten weiter um den halben Punkt, den wir mindestens brauchten und wie aussichtslos die Situation wäre, wenn ich dieses Loch verliere.

Mein Chip war alles andere als gut. Es blieben mir danach immer noch fünf Meter zum Par, das ganze leicht bergab und mit einem Rechts-links-Break. Genau das, was man sich als Linkshänder in solch einer Situation nicht wünscht. Ich lief zu meinem Ball und schrie mich innerlich selbst an! Sagte zu mir, dass ich jetzt mal die Klappe halten soll und von Schlag zu Schlag denken soll. Ich könnte diesen Putt immer noch lochen und er seinen vorbeischieben, dann wäre das Loch geteilt. Damit wäre das Momentum auch endlich mal auf meiner Seite.

Ich hatte es geschafft. Das Glas war endlich halb voll!
Ich schaute mir die Puttlinie genau an und stellte mir vor, wie der Ball genau auf der Linie, die ich für ihn vorgesehen habe, mit der letzten Umdrehung ins Loch fällt. Ich ließ mir viel Zeit und stellte mir das bestimmt fünf- oder sechsmal vor.

Jetzt ging es los. Ich machte meine Routine, zwei Probebewegungen neben dem Ball. Dann stellte ich den Putter hinter den Ball, ein letzter Blick zum Loch und los geht. Der Ball rollt los und verschwand mitten im Loch! Das Par war gerettet. Zum ersten Mal an diesem Tag ballte ich die Faust. Ich wusste, wie wichtig der Putt war.
Trotzdem hatte mein Gegner noch die Chance auf das Birdie und damit auf den Gewinn des Lochs. Ich wusste, dass er gedanklich schon drei Up und damit nicht voll bei der Sache war.
Er hat seine Chance auf das Birdie nicht genutzt. Damit änderte sich auch an dem Spielstand nichts. Psychologisch hat sich allerdings in

diesem Match vieles geändert. Das Momentum war jetzt auf meiner Seite, er war bei noch vier zu spielenden Löchern gedanklich schon drei Up. Vielleicht sah er sich auch gedanklich bereits als Sieger im Clubhaus. Meine Körpersprache signalisiert zum ersten Mal an diesem Wochenende: „Lass uns loslegen, ich bin soweit!"

Das nächste Loch gewann ich mit einem Birdie und damit war ich endgültig zurück im Match.
Die 16, ein unglaublich schweres Par 3 mit 230 Metern und einer Ausgrenze auf der rechten und einem Wasserhindernis auf der linken Seite: ein Loch, an dem ich definitiv kein Birdie brauche, um die Chance auf einen Lochgewinn zu haben.

Der Druck steigt – aber die Spielfreude auch
Da ich das letzte Loch gewann, war ich als Erster dran. Ich sprach mit meinem Caddie und entschied mich dazu, die Fahne ganz hinten links auf dem Grün nicht anzugreifen. Mit einem Eisen 2 wollte ich den Ball vorne aufs Grün spielen. Leider flog er drei Meter weiter links, als ich wollte, und blieb knapp vor dem Grün im Semi-Rough hängen. Mein Gegner griff zum Holz und wollte die Fahne attackieren. Bei einem Spielstand von ein Up wieder ein Zeichen dafür, dass ich ihn endlich aus der Ruhe gebracht habe. Er verzog den Ball nach links in das Wasserhindernis. Nach dem Strafschlag machte er einen wirklich genialen Chip direkt an die Fahne. Mein Chip blieb leider drei Meter zu kurz und damit musste mein Ball rein zum Lochgewinn.
Es war schon komisch. Ich fing an, die Situation wieder richtig zu genießen. Ich machte mir keine Gedanken darüber, dass dieser Ball vorbeigehen könnte. Ich wusste plötzlich, dass ich den Ball lochen werde. Und das tat ich dann auch.

Nach 16 gespielten Löchern war ich nun endlich wieder All Square, also alles wieder auf Anfang. Auf der 17 spielte ich ein solides Par und er verschob seinen 1-Meter-Putt zum Par, was ihm sehr wahrscheinlich fünf Löcher zuvor nicht passiert wäre. Damit ging ich ein Up auf die 18, einem Par 5, das nur schwer mit zwei Schlägen zu treffen ist.

Ich entschloss mich vom Tee aus schon gegen diese Strategie und schlug nur ein Eisen 3 und legte den zweiten Schlag dann auf meine Lieblingsdistanz von 90 Meter zur Fahne ab. Mein Gegner legte alles in seinen Drive rein und verzog diesen ein wenig nach links, 215 Meter auf ein Inselgrün warteten auf ihn. Er überlegte nicht lang, ob er vorlegen soll und schlug den Ball wieder ein wenig zu weit links in den Wassergraben. Meinen Pitch legte ich drei Meter neben die Fahne. Daraufhin reichte er mir die Hand, um mir das Match zu schenken.

Dieses Match wurde zwischen den Ohren gewonnen

Ein Match, das ich nie vergessen werde. Nicht, weil es auf allerhöchstem Niveau gespielt wurde, sondern aufgrund der Vorgeschichte. Wie ich mich gefühlt habe und welche Wendung es noch genommen hat. Ein Match, das nicht auf dem Platz entschieden wurde, sondern zwischen den Ohren. Ich habe das Match gewonnen, weil ich auf den letzten Löchern den Druck annehmen konnte. Weil es mir gelungen war, den Druck zu genießen, und somit wieder die Selbstsicherheit ausstrahlen konnte, die nötig ist, um das Match selbst in die Hand zu nehmen.

Druck als Herausforderung annehmen – Angst vermeiden

Und ich glaube, dass Du aus dieser Geschichte auch etwas für Dich lernen kannst. Nur deswegen habe ich sie auch erzählt, es geht ja nicht darum, vor Dir zu prahlen. Für mich war die Veranstaltung ein prägendes Erlebnis. Ich hatte zum ersten Mal richtig Angst davor, mich dem Erwartungsdruck zu stellen. Aber Druck ist für mich eines der Worte, die am häufigsten falsch interpretiert werden. Ich kenne nur eine Hand voll Menschen, die Druck mit etwas Positivem assoziieren. Bei mir ist das so. Denn ein Hauptgrund dafür, warum ich unseren Sport so sehr liebe, ja geradezu süchtig danach bin, sind genau diese Situationen, bei denen Du genau weißt, dass Du jetzt liefern musst. Ich weiß natürlich, dass das nicht immer klappt. Trotzdem liebe ich diese Situation. Das ist wohl auch der wichtigste Grund dafür, warum ich ein unangenehmer Gegner im Matchplay bin. Ich glaube, meine Körpersprache signalisiert das auch meinem Gegner.

Baue eine positive Haltung zu Druck auf

Wenn Du das nächste Mal das Gefühl hast, so richtig unter Druck zu stehen, gib Deinem Körper ein Signal dafür, dass Du genau auf diese Situation gewartet hast. Freue Dich „wie verrückt" drauf, in dieser Situation Dein ganzes Können abliefern zu dürfen. Wenn es funktioniert, lobe Dich. Sag Dir selbst, wie gut Du das gemacht hast. Sei stolz auf Dich. Verankere dieses Ereignis. Denn das ist ein weiterer Schritt für Dich auf dem Weg zu einem noch besseren Golfer. Halte dieses Ereignis in Deinen Gedanken fest, füttere damit den „Stapel" in Deinem Gehirn, der für Deine guten Schläge, für Deine schönen Momente und für Deine Erfolge vorgesehen ist.

Zusammenfassung des Kapitels

1. Nervosität bedeutet nur, dass Dir etwas wichtig ist. Dein Körper reagiert auf diese Situation und Dein Puls schlägt schneller, Du bekommst weiche Knie, Dein Körper ist angespannt. Dieses Gefühl kann Dich sowohl hemmen als auch beflügeln. Begrüße dieses Gefühl der Nervosität und sage Dir innerlich: *„Schön, dass Du da bist, mit Dir kann ich endlich das Beste aus mir rausholen."*

2. Druck löst ähnliche Reize in unserem Körper aus. Manchmal in exakt der gleichen Situation, oftmals aber in einer anderen Situation. Druck bedeutet weniger, dass Dir etwas sehr wichtig ist. Vielmehr zeigt er, dass jemand an Dich glaubt und auf Dich vertraut. Der Impuls kommt eher von außen, wohingegen Nervosität von innen kommt. Der körperliche Reiz ist der gleiche, die Frage ist deswegen auch die gleiche: Wie gehst Du mit diesem Gefühl um. Die Lösung ist ebenfalls gleich. Begrüße das Gefühl und sage Dir innerlich: *„Schön, dass Du da bist, mit Dir kann ich endlich das Beste aus mir rausholen."*

To-do des Tages

1. Wenn Du das nächste Mal die Nervosität oder den Druck in Deinem Körper spürst, sage Dir mehrmals hintereinander den Satz: *„Schön, dass Du da bist, mit Dir kann ich endlich das Beste aus mir rausholen."*

2. Schreibe Dir den Satz auf ein Blatt Papier und lege es in Dein Golfbag!
   Du kannst es auch gleich hier mehrmals hintereinander aufschreiben, um Deinem Unterbewusstsein jetzt schon die richtigen Signale zu senden.

Liebe Nervosität:

Schön, dass Du da bist, mit Dir kann ich endlich das Beste aus mir herausholen.

Lieber Druck:

Schön, dass Du da bist, mit Dir kann ich endlich das Beste aus mir herausholen.

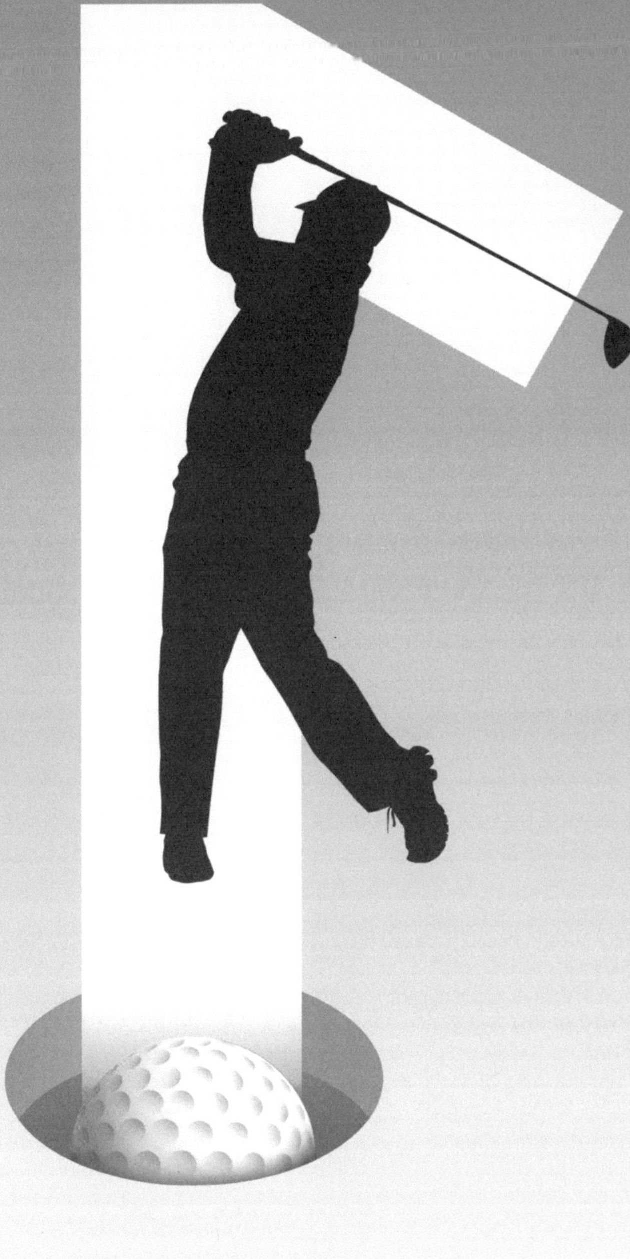

6. Schläge sparen durch die richtige Taktik

Über die richtige Taktik gibt es so unendlich viel und doch nichts zu sagen, denn *die eine* richtige Taktik gibt es nicht. Es gibt leider kein Patentrezept, mit dem Du sofort Schläge einsparen kannst.

Nutze das KOSTENLOSE WEBINAR „GOAL 1N ONE" – damit kannst Du Deine Erkenntnisse aus diesem Buch direkt besser umsetzen: www.yannickrosenberger.de/webinar

Es gibt keine Patentrezepte ...

Wenn sich ein Tourspieler mit einem Hcp.-18-Spieler über die richtige Taktik auf einem Golfplatz unterhält, sprechen sie wahrscheinlich nicht einmal die gleiche Sprache. Jemand, der seinen Driver 250 Meter im Flug schlagen kann, wird einen Golfplatz ganz anders spielen als jemand, der ihn 180 Meter weit schlägt. Und abgesehen von unterschiedlichen Spielstärken und verschiedenen Längen gibt es endlos viele persönliche Vorlieben. Der eine spielt lieber aggressiv, der andere eher defensiv. Vielleicht schlägst Du lieber einen Draw und ein anderer einen Fade. Und jeder hat Schläger in seinem Bag, die er etwas mehr mag als andere. Die Vorliebe zu einem Schläger kann dann auch noch im Wochentakt wechseln.
Ein Patentrezept für jeden Golfer zu präsentieren, wäre für mich deshalb unglaubwürdig.

... aber Taktikoptimierungen, die immer funktionieren

Jetzt will ich Dich aber auch nicht länger auf die Folter spannen. Der schnellste Weg zu einem besseren Golfspiel ist die Optimierung Deiner Taktik. Die Tipps kannst Du schon morgen auf dem Golfplatz umsetzen. Und ich bin mir sicher, dass Du in kurzer Zeit bessere Ergebnisse erzielen wirst.

Die einfachsten und besten Tipps habe ich für Dich auf den nächsten Seiten zusammengefasst.

6.1 Vorbereitung ist alles!

Sobald ich einen Golfplatz betrete, der nicht mein Heimatplatz ist, aber den ich sehr gut kenne, gehe ich sofort ins Clubhaus und kaufe mir ein Birdiebook. Es gibt verschiedene Arten, es zu benutzen. Selbst viele Mannschaftsspieler blättern es nur kurz durch, schauen sich an, wie lang die Löcher sind, und stecken es dann in die Tasche, um es nie mehr herauszuholen.

Offen gestanden: Dann kannst Du Dir das Geld auch sparen und lieber nach der Runde etwas mit Freunden trinken gehen. Denn so bringt das Buch natürlich gar nichts.

Wenn Du Dir ein Birdiebook gekauft hast, dann sollte es für die kommenden Stunden Dein Tagebuch sein. Schreibe alles auf, was Dir auf den einzelnen Bahnen auffällt.

Das Birdiebook wird Dein Tagebuch auf dem Platz

Spiele ich einen fremden Platz, handelt es sich meistens um ein Ligaspiel mit der Herrenmannschaft. Das bedeutet, dass am Samstag eine Proberunde stattfindet. Am Sonntag warten dann 36 Löcher auf uns. Komme ich am Samstag auf der Anlage an, hole ich mir immer das Birdiebook, noch bevor ich einen Schlag auf der Range gemacht habe. Sobald es dann auf den Platz geht, versuche ich, auf jede Kleinigkeit zu achten. An Löchern, die viele Alternativen bieten, schlage ich gerne auch mal mit zwei oder drei verschiedenen Schlägern ab. So sehe ich, welche Chancen und Risiken sich ergeben. Auf einer

Proberunde solltest Du auf alles achten und so viel wie möglich ausprobieren.

Jetzt zeige ich Dir ein paar Beispiele, in denen ich aber von meinen Schlagweiten ausgehe. Die Zahlen, die ich nenne, sind nicht so wichtig, genau wie die aus dem Birdiebook. Es geht mir um das grundlegende Vorgehen.

Diese Bahn (Abb. 19 auf S. 159) ist ein schönes Beispiel, um verschiedene Möglichkeiten zu zeigen. Wir gehen vom weißen Abschlag aus. Das bedeutet über die kurze Ecke des Wasserhindernisses sind es 239 Meter, über die lange Ecke sogar 252 Meter. Auf der linken Seite haben wir einen Bunker, zu dessen Anfang die Distanz 184 Meter und bis zum Ende 205 Meter beträgt.

In diesem Beispiel frage ich mich zuerst, ob ich die Bahn aggressiv spiele, also den Ball über das Wasser schlage, oder ob ich eher defensiv herangehe. In einer Proberunde würde ich beide Möglichkeiten austesten. Bei der aggressiven Variante gibt es verschiedene Optionen:
Ich könnte auf das Pumpenhaus zielen, was der kürzeste Weg über das Wasser ist, obwohl hier die Ausgrenze auf der rechten Seite schon leicht ins Spiel kommt.
Oder ich nutze den langen Weg über das Wasser. Da besteht aber die Gefahr, dass ich es einfach nicht über das Wasserhindernis schaffe. Denn ein guter Drive fliegt bei mir ziemlich genau 250 Meter.
Die dritte Möglichkeit besteht darin, den Ball mit dem Driver leicht links am Wasserhindernis vorbeizuspielen. So wären es mit dem zweiten Schlag einige Meter mehr ins Grün, allerdings erscheint das als gangbarer Kompromiss. Ich gehe nicht die aggressive Linie, nehme jedoch den Driver.

Ein Kompromiss ist selten eine gute Lösung

Merke Dir, im Golfsport ist ein Kompromiss nur selten eine gute Lösung. Wenn Du mit Dir selbst einen Kompromiss eingehst, ist das

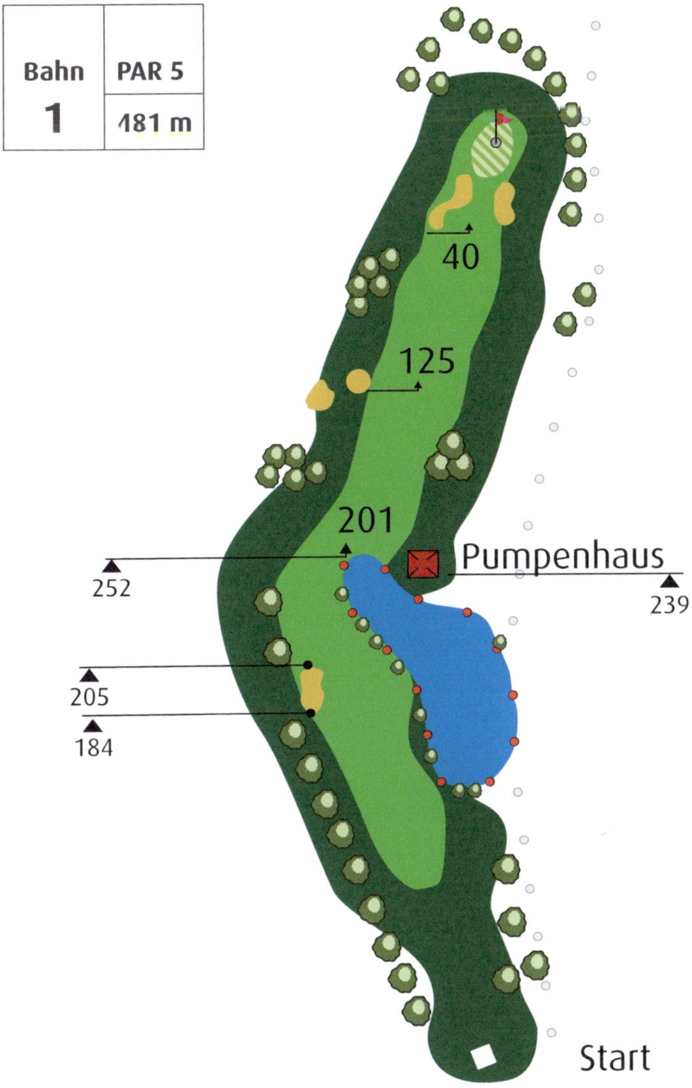

Abb. 19: **Strategie vom Tee bis zum Grün**

Quelle: **eigene Darstellung nach www.golf-absolute.de/biblis-wattenheim/anlage/golfplatz**

wie eine Einladung für einen Dialog mit dem „lieben Quatschi". Also lassen wir die Kompromisslösung lieber weg.
Bei der defensiven Variante gibt es zwei Dinge zu beachten: Weg vom Wasserhindernis und fern vom Bunker bleiben. Ganz einfach, oder?

In diesem Fall ist es tatsächlich nicht so schwer. Denn wenn ich den Bunker als Richtungsziel nehme, bin ich automatisch weit weg vom Wasserhindernis. Bei der Schlägerwahl muss ich jetzt nur einen Schläger nehmen, der entweder auf jeden Fall 206 Meter fliegt oder keinesfalls mehr als 183 Meter fliegt und rollt. Ich würde einen Schläger wählen, mit dem der Ball in jedem Fall kürzer als 183 Meter fliegt, um den Bunker aus dem Spiel zu nehmen. Denn ein Bunkerschlag 100 Meter über ein Wasserhindernis ist doch schon sehr unangenehm.

Auch der Wind spielt eine Rolle

Meine Entscheidung ist schlussendlich ein Zusammenspiel aus Kopf und Bauchgefühl. Dabei spielt auch das Wetter eine Rolle. Gäbe es am Turniertag Rückenwind, würde ich mich ganz klar für die aggressive Variante entscheiden. Bei Gegenwind wäre die defensive Variante, meinen Ball vor dem Bunker abzulegen, die bessere Wahl.

Am Ende ist aber das Wichtigste, dass Du Dich entscheidest, weniger, wie die Details des Plans aussehen. Wichtig ist, dass Du Dich ganz bewusst für eine Taktik entscheidest, weil Du von dem Schlag überzeugt bist. Du hast Dir die Möglichkeiten angeschaut und bist von einer Variante absolut überzeugt.

Aufmerksames Beobachten der Spielbahn und die Längenmessungen bringen Dir einen enormen Vorteil im Vergleich zu Deinen Konkurrenten. Schreibe alles auf, was Dir auffällt und Dir wichtig ist. Überlasse nichts dem Zufall. Selbst wenn einige Entfernungen im Birdiebook eingezeichnet sind, miss sie nach, wenn sie für Dich wichtig sind. Worüber wir im Kapitel Visualisierungen schon gesprochen haben, um Deinen Fokus zu stärken, benötigst Du klare und kleine Ziele auf dem Golfplatz. Such Dir die immer in der Proberunde aus und notiere sie Dir im Birdiebook.

Der Einsatz des Lasers

An dieser Stelle eine ganz wichtige Frage:
Besitzt Du einen Laser?
Falls nicht, dann kaufe Dir schnell einen. Der Laser ist wichtiger als der Driver, den Du in Deinem Bag hast. Abschlagen kann ich auch mit meinem Holz 3. Die exakte Entfernung kann Dir nur ein solches Gerät vermitteln. Keine Markierung auf dem Platz ist so genau wie ein Laser.
Denke jetzt nicht, dass Du vielleicht noch nicht gut genug für so ein Werkzeug spielst. Denn dann argumentierst Du wie meine Oma. Bei der war ich neulich zu Besuch, weil sie Fragen zu ihrem Griff und dem Ballflug hatte. Und obwohl ich ihr das immer wieder nahelegte, hatte sie sich immer noch keinen Laser gekauft. Weil sie „noch nicht gut genug" dafür sei. Das Problem daran ist, dass sie zu einem gewissen Teil natürlich recht hat. Für sie ist aktuell noch nicht so relevant, ob es nun 110 Meter oder 115 Meter zur Fahne sind. Aber wenn meine Oma und Du wirklich besser werden wollen, dann müsst ihr diese Relevanz entwickeln. Dein Anspruch muss es sein, Dich optimal auf eine Situation vorzubereiten. Und dazu gehört, dass Du weißt, ob es nun 110 Meter oder 115 Meter sind, ob die Fahne vorne oder hinten steht, ob sie links oder rechts steht, ob wir Gegenwind oder Rückenwind haben. Die komplette Vorbereitung kostet Dich wenige Sekunden, das Ergebnis, das Du damit über die Saison erzielst, ist gigantisch.

Arbeite immer mit einem Laser.

6.2 X-Zonen und freie Zonen

Was Du im Birdiebook markieren solltest, sind sogenannte X-Zonen und freie Zonen. Wenn Du Dir die Grafik nochmals anschaust, wirst Du bemerken, dass rechts neben dem Grün eine Ausgrenze zu sehen ist. Zusätzlich ist an diesem Loch das Grün zwar sehr langgezogen, dafür allerdings recht schmal. Alles, was rechts neben dem Grün landet, wird von einem kleinen Hang weiter nach rechts in Richtung Aus befördert.

Beispiele für X-Zonen
Das ist eine klare X-Zone, eine Stelle auf dem Golfplatz, die wir auf jeden Fall aus dem Spiel nehmen sollten. X-Zonen sind auch Wasserhindernisse oder Bunker. Die sind aber auf dem Birdiebook gut ersichtlich, deswegen müssen wir sie auch nicht extra markieren. Kleine Wasserhindernisse oder ein Topfbunker, die sich hinter einem Hügel oder einem Dogleg befinden, würde ich als X-Zone markieren, wenn diese nicht sofort auf dem Bild ersichtlich sind. Die musst Du auch bei Deiner Schläger- und Schlagwahl berücksichtigen. Eine weitere X-Zone in dem Bild stellt der linke Grünbunker dar. Er beginnt schon 40 Meter vor dem Grün. Je nach Fahnenposition hast Du, wenn Du dort reinschlägst, einen Bunkerschlag zwischen 45 und 70 Metern vor Dir. Es gibt wenige Situationen, die noch unangenehmer sind. Deswegen gilt es auch diese Stelle zu vermeiden.

Solchen X-Zonen solltest Du nun aber keine größere Bedeutung schenken als nötig. Schon gar keine Angst davor bekommen. Mache sie Dir bewusst und berücksichtige sie, so gut es geht, bei Deiner Schläger- bzw. Schlagwahl.

Die freien Zonen
Dann gibt es noch die sogenannten freien Zonen. Das sind die Stellen auf dem Platz, an denen Du Dir auch einen Fehler erlauben kannst, ohne dabei automatisch einen oder mehrere Schläge zu verlieren. Auf unserer Grafik ist zum Beispiel die komplette linke Seite eine freie Zone. Wenn ich dort den Ball wirklich weit nach links verziehe, passiert nichts. Ich habe dann einen weiteren Weg über das Wasserhindernis, aber mehr nicht. Eine weitere freie Zone ist alles, was links vom Grün ist. Das könnte interessant bei einem langen Schlag ins Grün sein. Mit dem Aus auf der rechten Seite ist das zwar kein Standardschlag, aber wenn ich weiß, dass ich auf der linken Seite sehr

viel Platz habe, ziele ich besser schon von Anfang an auf die linke Seite des Grüns.

Schenke auch diesen Zonen nicht zu viel Aufmerksamkeit. Sie können Dir aber Druck nehmen, wenn Du an einem Loch eine aggressive Spielweise bevorzugst, aber Dir bewusst ist, dass auf der einen Seite zwar ein Wasserhindernis lauert, auf der anderen Seite jedoch jede Menge Platz ist.

Also noch einmal: Übertreibe es beim Notieren nicht, aber schreibe Dir alles auf, was für Dich wichtig ist.

6.3 Die Bahn rückwärts spielen

Als ich 2009 ein Turnier in den USA gespielt habe, hatte ich das Vergnügen, 18 Loch mit Anders Forsbrand spielen zu dürfen. Er hat mehrfach auf der European-Tour gewonnen und war neben Bernhard Langer Vizekapitän beim Ryder Cup 2004. Bei genau diesem Turnier bin ich übrigens auch Justin Thomas begegnet. Allerdings war noch nicht erkennbar, dass er zu einem der besten Golfer der Welt werden würde. Aber das ist eine andere Geschichte.

Ich lief mit Anders das Fairway des ersten Lochs des Ponte Vedra Inn & Club Richtung Grün und fragte ihn, wie er dieses Loch spielt, da es für mich noch nicht ganz klar war. Er antworte mir, dass wir das auf dem Grün besprechen. Das fand ich ein bisschen spät, lief aber mit ihm in Richtung Grün und wartete gespannt auf seine Erklärung.

Unsere Bälle lagen ein gutes Stück auseinander, deshalb rief er mich zu sich. Dann sagte er zu mir, schau Dir von hier mal das Loch an. Ich schaute mir das Loch an, aber da ich nicht wusste, was er meint, habe ich nachgefragt. Er wiederholte, ich solle mir das Loch ansehen. Noch immer wollte der Groschen bei mir nicht so recht fallen. Also fuhr er fort und fragte, wo ich nach dem Abschlag am liebsten liegen würde, von wo der beste Schlag ins Grün wäre und wo der Ball auf keinen Fall liegen sollte. Und jetzt machte es auch bei mir langsam klick.

Der wichtige Perspektivwechsel
Ich schaute mir alles vom Grün aus an. Und da ist mir tatsächlich aufgefallen, dass rückwärts betrachtet so ein Loch komplett anders aussieht.

Und aus dieser Perspektive siehst Du viel mehr. Unglaublich, nach so vielen Jahren Golf, eine so simple Kleinigkeit zu entdecken, die das Festlegen meiner Taktik so sehr vereinfachen würde.

Es ist wirklich faszinierend, was Du für eine Perspektive hast, wenn Du Dir die Spielbahn vom Grün aus anschaust. Du wirst feststellen, dass an einigen Stellen viel mehr Platz ist, als Du denkst. Auch aus dieser Perspektive lassen sich X-Zonen und freie Zonen wunderbar festlegen. Ich kann Dir nur ans Herz legen, Dir vor allem an Spielbahnen, auf denen Du Dir nicht absolut sicher bist, Dir die Bahn vom Grün aus anzuschauen. An Löchern mit starken Doglegs kannst Du ruhig auch mal einen Blick von der Mitte des Fairways nach hinten riskieren. Allein diese veränderte Perspektive wird Dir in vielen Fällen helfen, die für Dich richtige Entscheidung zu treffen.

6.4 Grüns anspielen und Fahnenpositionen

Hast Du schon einmal das Masters Tournament live im Fernsehen gesehen? Falls nicht, kann ich das nur empfehlen. Neben dem Ryder Cup ist es für mich das außergewöhnlichste Golfturnier der Welt, auf dem mit Abstand schönsten Golfplatz, den ich mir vorstellen kann, dem Augusta National in Georgia. An den vier Tagen des Turniers hält mich nichts davon ab, vor dem Fernseher zu sitzen und jede einzelne Sekunde des Turniers zu schauen.

Von den Besten lernen

Wenn es darum geht, Grüns anzuspielen und den Schwierigkeitsgrad der Fahnenpositionen einzuschätzen, können wir ohnehin extrem viel von den besten der Welt lernen. Doch auch die besten Golfer der Welt, die die Ehre haben, bei diesem Turnier abzuschlagen, kommen auf diesem Golfplatz an ihre Grenzen.

Umso wichtiger ist es für die Profis, perfekt vorbereitet zu sein. In den Proberunden studieren sie jeden Winkel des Golfplatzes und ganz besonders der Grüns, denn die haben es wirklich in sich. Hier muss ich genau wissen, auf welchen Teil des Grüns ich den Ball spielen kann, ansonsten gehen selbst die Besten der Welt darauf unter.

Bernhard Langer sagte vor vielen Jahren einmal in einem Interview, dass ein Hcp.-0-Spieler auf diesem Golfplatz keine Chance hat, unter 90 Schlägen die Runde zu beenden.

Der Platz selbst ist schon sehr anspruchsvoll, aber es sind aus meiner Sicht die Grüns, die diesen Golfplatz so schwer machen. Sie sind es, die es einem Hcp.-0-Spieler schwer machen, den Platz unter 90 Schlägen zu bewältigen. Es liegt nicht daran, dass die Lücke zwischen ihm und einem Topprofi so groß ist, sondern weil er mit diesen Bedingungen und diesen gnadenlos schweren Grüns maßlos überfordert wäre. Und in keiner Weise gewohnt ist, unter solchen Bedingungen zu spielen.

Natürlich spielt die Erfahrung, unter solchen Platzbedingungen schon einmal gespielt zu haben, eine sehr große Rolle. Als ich zum Beispiel das erste Mal in den USA ein Turnier gespielt habe, gab es links und rechts vom Fairway dieses wunderbar weiche Bermudagras. Egal, ob es ein Chip, ein Pitch oder ein voller Schlag ist, es ist ein völlig anderer Schlag als hierzulande. Das ist jetzt keine Wertung, ob das nun schwieriger oder leichter ist. Aber es ist anders, deswegen braucht es eine gewisse Zeit, um sich daran zu gewöhnen.

Wenn Du lediglich zwei Tage Vorbereitungszeit hast, wird es verdammt schwer, sich an diese Bedingungen zu gewöhnen.

Zurück zum Augusta National Golfplatz, dem Austragungsort des US Masters.

Die Fahne anspielen

Wie schaffen es die Profis, die Fahnen so gut anzuspielen, ohne wirklich schwerwiegende Fehler zu machen?
Das liegt schlichtweg an ihrer Vorbereitung. Sie wissen alles über den Platz, die Grüns und die Fahnenpositionen.

Besonders eindrucksvoll ist das neunte Loch: ein 420 Meter langes Par 4, Dogleg nach links. Vom Abschlag aus geht es stetig ein wenig bergab. Das kommt Longhittern sehr entgegen. Deswegen sehen wir dort recht häufig Abschläge, die weniger als 100 Meter vor dem Grün liegen.

Das Schwierige an diesem Loch ist das Grün. Es hängt extrem von hinten nach vorne und hat zusätzlich zwei Wellen eingebaut, die den Ball sofort zurückrollen lassen, falls er es nicht über die Welle schafft. Die erste Welle befindet sich am Anfang des Grüns. Gelingt es dem Spieler nicht, den Ball hinter diese Welle zu schlagen, passiert es oft, dass der Ball danach wieder 30, 40 oder gar 50 Meter vor dem Grün liegt. Die zweite Welle liegt ungefähr 20 Meter im Grün und etwa zehn Meter vom Ende des Grüns entfernt. An einem der vier Tage steht die Fahne ganz hinten im Grün.

Um eine realistische Chance auf einen Birdie zu bekommen, muss man den Ball auf das oberste Plateau spielen. Die meisten Spieler haben, wie gesagt, weniger als 120 Meter zur Fahne an diesem Loch. Doch kaum einer spielt den Ball tatsächlich auf das oberste Plateau. Viele Bälle landen zwar oben, werden allerdings durch den Spin von der Welle geschluckt und liegen dann wieder zwölf bis 15 Meter weg von der Fahne.

Warum spielen die besten der Welt den Ball nicht hinter die Fahne, mit ein wenig Backspin läge der Ball ja dann unmittelbar neben dem Loch?

Ich bin mir ziemlich sicher, dass jeder der Spieler diesen Schlag spielen könnte. Aber sie wollen ihn ganz offenbar so nicht spielen. Je nach Ausgangssituation beim zweiten Schlag versuchen sie natürlich den Ball an die Fahne zu bekommen, aber unter keinen Umständen hinter die Fahne. Keiner von ihnen will von hinter dem Grün den Ball zurückchippen müssen: Zu stark ist die Neigung des Grüns, zu schnell kommt die Welle ins Spiel und zu schnell steht ein Doppelbogey auf der Scorekarte. Sie nehmen es also in Kauf, aus einer Entfernung von 120 Metern und weniger, keine realistische Birdiechance zu haben. Wir reden hier von den besten Spielern der Welt. Die alle bei einem Pitch das Risiko möglichst gering halten wollen und nicht voll auf die Fahne gehen.

Wieso zielen wir Amateure dann bei nahezu jedem Schlag immer Richtung Fahne?

Das Course Management macht den Unterschied

Aus meiner Sicht ist diese Art von Course Management einer der größten Unterschiede zwischen einem guten Amateur und einem Tourspieler. Zu wissen, was ich in welcher Situation tun muss. Und das ist gar nicht so schwer. 90 Prozent davon sind reine Vorbereitung. Fehler werden wir immer machen. Selbst ein Tiger Woods macht Fehler, doch daraus lernen wir und machen es das nächste Mal besser. Gefährlich ist immer nur, eben nicht zu wissen, was ich tue. Demnach weiß ich auch nicht, was ich falsch gemacht habe, also lerne ich daraus auch nichts.

Du erinnerst Dich, was ich über die Grüns des Augusta National Golfplatzes erzählt habe. Lass uns das mit Deutschland vergleichen und was sich daraus in die Praxis umsetzen lässt.

Natürlich haben wir hier in Deutschland sehr selten wirklich abenteuerlustige Grüns mit Grüngeschwindigkeiten, bei denen uns schwindelig wird. Trotzdem gehört es zu einem ausgezeichneten Course Management, dass ich genau weiß, wo die Fahne steht, was mich im Umkreis um diese Fahne erwartet und ob ich diese direkt anspielen kann. Tut mir leid, wenn ich mich wiederhole. Aber das ist alles zu über 90 Prozent reine Vorbereitung. Das kann ein Golfeinsteiger genauso wie ein Profi. Die restlichen zehn Prozent sind Erfahrung. Und Erfahrung kann ich nicht lernen, die muss ich einfach machen.
Jetzt darfst Du aber nicht in eine Falle tappen. Denn viel Erfahrung bedeutet nicht, dass ich etwas sehr gut kann. Ich kann auch 30 Jahre lang etwas falsch machen und habe trotzdem Erfahrung.

Wann und wie die Fahne angreifen

Wechseln wir mal in die Praxis zurück.
Steht die Fahne zwei Meter vom linken Grünrand weg, unmittelbar neben einem Wasserhindernis, ist es ratsam, ein gutes Stück rechts davon zu zielen. Der gewählte Schläger spielt hier keine Rolle. Selbst die besten Profis würden diese Fahne nur aus kürzester Distanz direkt anspielen, falls überhaupt.
Habe ich eine Ausgrenze direkt hinter dem Grün und die Fahnenposition ist nicht weit vom hinteren Grünrand entfernt, dann spiele ich den Ball ganz bewusst vor die Fahne. Wenn ich mich bei der Entfernung nicht entscheiden kann, ob ich beispielsweise das Eisen 6 oder das Eisen 7 nehmen soll, wähle ich immer den kürzeren Schläger. Aber selbst wenn die Schlägerwahl bei der Entfernung zur Fahne eigentlich klar ist, kann ich durchaus ganz bewusst einen Schläger weniger nehmen, um auf jeden Fall vor der Fahne zu bleiben.

Das Pendant dazu ist eine vorne im Grün platzierte Fahne, ein Bunker oder ein Wasserhindernis unmittelbar vor dem Grün. Hier nehme ich selbstverständlich den längeren Schläger und schlage den Ball bewusst hinter die Fahne.

Ganz selten steht die Fahne wirklich mitten im Grün. Falls das ausnahmsweise mal so ist, gibt es keinen Grund, die Fahne nicht direkt anzugreifen. Es gibt allerdings auch Grüns, die stark gewellt sind und starke Breaks an der einen oder anderen Stelle des Grüns haben. Beim Anspielen der Fahne musst Du das berücksichtigen, gerade dann, wenn die Fahne mittig im Grün steht und ich keine weiteren Hindernisse habe, die ich berücksichtigen muss.

Unsere Grüns sind ja nicht immer rund oder viereckig. So ergeben sich auch Grüns, die stellenweise eine Ausbuchtung haben.

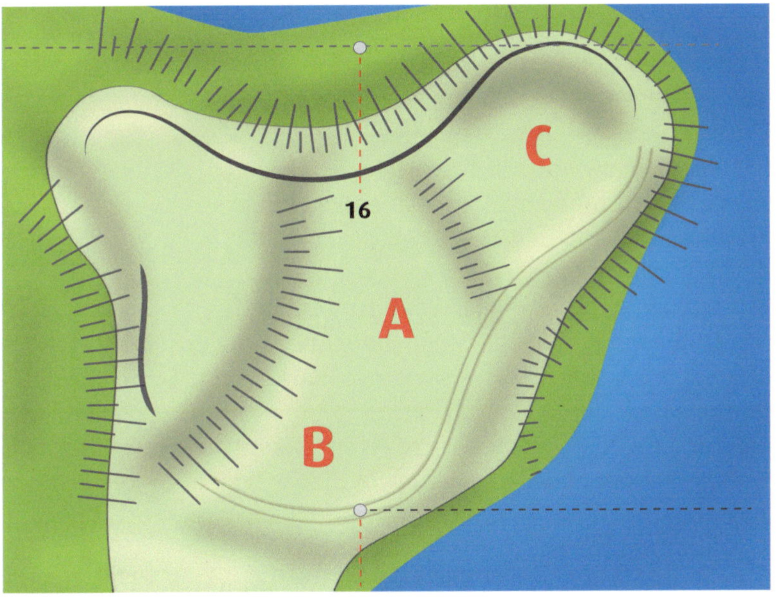

Abb. 20: Grüns anspielen

Quelle: eigene Darstellung nach www.greeneagle.de/golf-courses/#platzgrafiken

Beispiele: die unterschiedlichen Fahnenpositionen

Bei diesem Grün haben wir neben den zwei Ausbuchtungen noch zusätzlich zwei Wellen im Grün. Und wie Du siehst, gibt es sowohl rechts als auch hinter dem Grün ein Wasserhindernis.

Was tun wir jetzt bei Fahnenposition A?
Ich denke, wir sind uns einig, dass das die fairste Fahnenposition auf diesem Grün ist. Wir haben in alle Richtungen genügend Platz. Falls wir den Ball etwas nach links verziehen, wird er von der Welle sogar wieder zurückgebracht. Wenn Du den Ball etwas zu kurz oder zu lang spielst, ist ebenfalls ausreichend Platz auf dem Grün. Ein Fehlschlag nach rechts kann zwar von der dort auftauchenden Welle noch weiter nach rechts rollen, jedoch ist außer einem langen Putt hier nichts weiter zu befürchten.

Bei Fahnenposition B wird es schon etwas komplizierter.
Das ist eine ganz typische Fahnenposition. Aus der Ferne sieht sie sehr einfach aus, verursacht aber selbst bei kleinen Fehlern schon große Probleme. Das ist ein Beispiel dafür, warum Du im Vorfeld eines Turniers Deine Hausaufgaben machen solltest. Denn Du wirst immer Fahnenpositionen haben, die erst einmal leicht erscheinen, aber ziemlich problematisch werden können. Das kannst Du durch ein wenig Vorbereitung vermeiden.

Was machen wir nun bei dieser Fahnenposition?
Ganz offensichtlich hast Du hier sowohl links von der Fahne als auch hinter der Fahne mehr als ausreichend Platz. Spielst Du den Ball hinter die Fahne, hast Du sogar rechts von der Fahne genügend Platz. Gefährlich wird es an dieser Stelle nur, wenn Du den Ball zu kurz oder auf Fahnenhöhe rechts von der Fahne verfehlst. Da kommt dann ziemlich schnell das Wasserhindernis ins Spiel.

Rekapitulieren wir damit einmal, was wir in diesem Kapitel schon gelernt und besprochen haben; Du weißt jetzt schon genau, was Du zu tun hast.

Nehmen wir an, Du hast 130 Meter zur Fahne, mit Deinem Eisen 8 schlägst Du auch genau 130 Meter. Wäre es ratsam, tatsächlich das Eisen 8 zu nehmen? Das kann sein: Wenn Du davon überzeugt bist, dann spiele so. Es ist eine aggressive Variante, soviel ist klar. Natürlich hast Du auch mit einem Eisen 8 die Option, ein wenig links von der Fahne zu zielen und somit das Risiko zu reduzieren.

Ich persönlich würde Dir an dieser Stelle allerdings zu einem Schläger mehr raten. Mit dem Eisen 7 würde ich zusätzlich ein wenig links von der Fahne zielen. Wenn Du den Ball dann leicht nach links verziehst, kann ihn die Welle wieder zurück Richtung Fahne bringen. Falls Du ihn leicht nach rechts verfehlst, hast Du immer noch genügend Platz bis zur nächsten Welle. In beiden Fällen erreichst Du einen Putt, der kürzer als zehn Meter ist. Kannst Du mit zwei Putts aus zehn Metern im Loch sein? Natürlich! Sind drei Schläge ein guter oder zumindest akzeptabler Score aus 130 Metern? Aber sicher!

Das richtige Course Management ist zu 90 Prozent reine Vorbereitung.

Jetzt noch zur Fahnenposition C.
Ich denke, das ist keine alltägliche Fahnenposition für einen Amateur. Jedoch ist Dir sicherlich schon einmal eine ähnlich schwere Fahnenposition begegnet. Sobald Du weißt, wie Du mit solchen Situationen umgehst, wird es Dir in Zukunft nichts mehr ausmachen, wenn Du ein Loch mit einer wirklich anspruchsvollen Fahnenposition spielst. Zum anderen kommen Dir alle anderen Fahnenpositionen viel leichter vor.

Noch rasch ein Beispiel: Tiger Woods sucht sich vor jedem Turnier den schwersten Putt aus, den er auf dem Puttinggrün findet, und wiederholt ihn so lange, bis er ihn eingelocht hat. Warum macht er das wohl? Weil er sich auf den unwahrscheinlichen Fall vorbereiten will, dass er einen ähnlichen Putt auch im Turnier hat. Und, viel wichtiger, weil ihm danach alle Putts deutlich leichter vorkommen. Wenn er einen Monsterputt mit mehreren Breaks aus 30 Metern lochen kann, kann er auch jeden anderen Putt lochen. Wenn er diesen Putt visualisieren kann, fällt es ihm bei jedem anderen Putt noch viel leichter.

Zurück zur Fahnenposition C.
Was machen wir nun damit? Ganz klar, es ist hier noch viel wichtiger, aus welcher Entfernung Du den Ball aufs Grün schlagen willst und

aus welchem Winkel. Grundsätzlich ist es hier so, dass ich Dir dazu rate, die Fahne nicht direkt anzuspielen.
Warum? Du hast vor der Fahne, rechts von der Fahne und hinter der Fahne ein großes Wasserhindernis, das nur auf Dich wartet. Frage Dich selbst, ob es das Risiko wert ist, hier voll auf Angriff zu gehen. Sicherlich bieten die meisten anderen Löcher bessere Chancen, die Fahne zu attackieren. Falls Du Dich trotzdem dazu entscheiden solltest, die Fahne anzugreifen, ist das nicht unbedingt die falsche Entscheidung. Wichtig für mich ist, dass Du Dir der Situation bewusst bist und vor allem den Schlag mit absoluter Überzeugung durchführst.

Bleiben wir bei unserem Beispiel von 130 Metern Entfernung. Du schlägst Dein Eisen 8 weiterhin genau 130 Meter. Ich denke, damit ist die Schlägerwahl recht schnell klar. Die Frage lautet eher, wo Du den Ball hinspielst. Natürlich kannst Du ihn defensiv in der Mitte des Grüns ablegen und anschließend die Welle herunterputten. Das ist sicherlich eine sehr vernünftige Entscheidung und Du nimmst Dir damit völlig den Druck.

Eine weitere sehr gute Möglichkeit besteht darin, direkt auf die Welle zu zielen. Bei einem perfekten Schlage läuft Dein Ball die Welle bis zur Fahne runter, ohne damit ein hohes Risiko einzugehen. Bei einem Fehlschlag nach links landet Dein Ball in der Mitte des Grüns, und Du kannst mit zwei guten Putts das Loch mit einem guten Ergebnis beenden. Bei einem Fehlschlag nach rechts liegst Du direkt neben der Fahne. Ich glaube, es gibt verhängnisvollere Fehlschläge, als danach unmittelbar neben dem Loch zu liegen.

Das alles Entscheidende, vor allem bei so einer Fahnenposition, ist die Distanzkontrolle. Du musst Deine Längen genau kennen. Das kann ich gar nicht oft genug wiederholen.

6.5 Mitte Grün kann nichts passieren

Die Überschrift hört sich recht plump an, nicht wahr?
Das ist auch meine Absicht.
Mir ist eine Sache immer sehr wichtig: Die Menschen, mit denen ich zusammenarbeite, sollen nicht irgendwann einmal „irgendwas von so einem Mentaltrainer gehört" haben, sondern wirklich verstehen, warum dies oder jenes für sie ganz persönlich hilfreich ist und einen Mehrwert bietet. Aktuell haben wir beide gerade die Ehre, miteinander arbeiten zu dürfen. Und Du hast Dir dieses Buch mit Sicherheit aus einem bestimmten Grund gekauft. Du möchtest in einem oder mehreren Bereichen Deines Golfspiels besser werden.

Meiner Meinung nach bringe ich erst dann die nötige Disziplin auf, wenn ich wirklich verstanden habe, warum ich etwas tun soll. Wenn andere Dir also Vorschriften machen wie „nimm mal ab", dann bringt das wenig bis nichts. Nur wenn Du selbst verstanden hast, warum Du Gewicht verlieren musst oder warum Du einen Schlag so oder so angehen sollst, dann wirst Du auch mit Engagement daraufhin trainieren. Dann hast Du ein „Warum".

Was hat das nun mit dem plumpen Spruch „Mitte Grün kann nichts passieren" zu tun?

Ganz einfach. Das Thema ist eigentlich so simpel; die Überschrift hätte auch gereicht. Nur leider gibt es in unserem Sport so viele flapsige Sprüche, die nie jemand wagt zu hinterfragen. Deswegen bin ich mir fast sicher, dass Du nicht zu 100 Prozent weißt, warum Du einen Ball in die Mitte vom Grün schlagen sollst, oder?
Doch klar weißt Du das: Weil es sicherer ist, als die Fahne zu attackieren. Weil dort die Gefahr am geringsten ist, in einem Bunker oder Wasserhindernis zu landen. Von Mitte Grün kann ich immer putten. Liegt auf der Hand, oder?

Warum der simple Spruch stimmt

Ich gehe mit Dir direkt in die Praxis und möchte Dir mit einem Beispiel aufzeigen, warum Du mit Mitte Grün wirklich nie einen Fehler machst.
Nehmen wir an, ein Grün ist 30 Meter lang und 30 Meter breit.
Die Fahne muss mindestens zwei Schritte (in der Regel aber zwei Meter) vom Grünrand entfernt sein. Wenn wir also den Ball tatsächlich genau in der Mitte platzieren, haben wir in alle Richtungen genau 15 Meter bis zum Vorgrün. Der längste denkbare Putt wäre demnach 13 Meter lang.

13 Meter. Eine Entfernung, von der aus man durchaus mit zwei Putts im Loch sein kann, findest Du nicht auch?
Jetzt möchte ich Dir aber nicht nur erklären, was das mathematisch für Dich bedeutet. Es gibt einige andere wichtige Punkte.

Zum einen nimmst Du Dir den Druck beim Schlag ins Grün. Du spielst den Ball Mitte Grün und weißt genau, dass Du in alle Richtungen ausreichend Platz hast. Wichtig hierbei: Bleib fokussiert! Suche Dir ein klares Ziel. Ein Baum hinter dem Grün, die Bunkerkante vor dem Grün oder ein auffälliger Grashalm. Vollkommen egal, was es ist, aber bleibe fokussiert.
Die Gefahr bei solchen Schlägen ist, den Fokus zu verlieren und nicht voll bei der Sache zu sein. Dir passiert das nicht mehr, da Du jetzt genau weißt, was Du zu tun hast.

Wenn Du dennoch in die Situation kommst, wo Dir keine Lösung einfällt oder Du unsicher bist, dann schlag den Ball einfach Mitte Grün! Such Dir ein Ziel, mach konsequent Deine Routine und schlag den Ball genau dort hin. Von dort aus machst Du zwei Putts und gehst zum nächsten Loch, völlig stressfrei.

Noch mal ein persönliches Beispiel: Im Kindesalter hatte ich das Vergnügen, öfter mit zwei Österreichern spielen und trainieren zu dürfen. Einer davon war die ehemalige Nr. 1 Österreichs und der andere ein Pro, Peter, der sich auf der Alpstour versucht hatte. In meinen Sommerferien, ich muss ungefähr zwölf Jahre alt gewesen sein, trainierte Peter die ganze Woche mit mir im Golfclub Biblis-Wattenheim, da er ein paar Sponsorenveranstaltungen in der Nähe hatte. Es war ein ziemlich heißer Sommer, ich weiß noch, wie ich regelmäßig in den Schatten geschickt wurde, weil die Sonne so sehr gebrannt hat. Peter ist ein wirklich begnadeter Golfer und inzwischen ein erfolgreicher Teaching Pro in der Schweiz. Er konnte den Ball wahnsinnig weit schlagen und hatte Ballkontakte, von denen habe ich selbst an meinen besten Tagen nur träumen können. Ich vermute, dass es bei ihm, wie bei vielen anderen, am mentalen Bereich des Spiels gescheitert ist, dass er nicht weitergekommen ist.

Ab dem Eisen 6 schlage ich jeden Ball Mitte Grün.

Ich habe damals natürlich versucht, mir so viel wie möglich von ihm abzuschauen. Die Art, wie er trainiert hat: Er hatte einen genauen Plan für den Tag, die Woche und den Monat und wahrscheinlich sogar für das ganze Jahr.

Ein Tipp von ihm ist wirklich ganz tief in mir hängen geblieben: *„Ab dem Eisen 6 schlage ich jeden Ball Mitte Grün.“*

Da sagt mir ein Tourspieler, dass er, sobald er ein Eisen 6 oder ein noch längeres Eisen in der Hand hat, grundsätzlich den Ball Mitte Grün schlägt.

Wie kommt es, dass wir mit deutlich längeren Schlägern Richtung Fahne zielen?

Spielintelligenz muss auch trainiert werden

Ich selbst habe mich schon oft im Nachhinein gefragt, warum nur habe ich diese Fahne angegriffen? Ich muss mir wohl selbst eingestehen, dass ich diese Spielintelligenz auch nicht immer tief in mir trage.

Ich spiele den Golfplatz gerne vom Abschlag etwas defensiver und wenn es dann Richtung Fahne geht, gehe ich gerne aggressiv drauf. Ist das immer clever? Nein, ganz sicher nicht.

Mich stören auch nicht die Schläge, bei denen ich mit einem klaren Gedanken die Entscheidung getroffen habe, diese Fahne jetzt „volle Kanne“ mit einem Eisen 3 zu attackieren. Die Schläge, die mich wirklich ärgern, sind die, bei denen ich gierig werde. Wenn meine Ungeduld sich durchsetzt oder ich auf Teufel komm raus das Bogey des letzten Lochs ausgleichen will.

Mach es Dir zur Gewohnheit, den Ball häufiger bei leichter Unsicherheit oder einer Entfernung, die einem Eisen 6 entspricht oder noch weiter vom Loch entfernt ist, den Ball Mitte Grün zu spielen.
Das Ergebnis dieser Entscheidungen wirst Du schnell auf Deiner Scorekarte sehen.

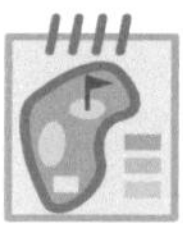

Zusammenfassung des Kapitels

1. Arbeite immer mit einem Birdiebook und notiere für Dich alle relevanten Stellen auf dem Golfplatz wie geeignete Ziele vom Abschlag, X-Zonen und freie Zonen.

2. Um eine bessere Übersicht der Bahn zu bekommen, betrachte sie „rückwärts“. Blicke vom Grün in Richtung Abschlag und Du erhältst einen besseren Eindruck des Lochs.

3. Du kannst schnell Schläge sparen, wenn Du den einzelnen Fahnenpositionen mehr Beachtung schenkst und Dir im Voraus überlegst, wo Du nach dem Schlag ins Grün liegen möchtest.

4. „Mitte Grün kann nichts passieren“: Nimm Dir dieses Sprichwort häufiger zu Herzen und überlege Dir, ob Du bei längeren

Schlägen den Ball nicht lieber Mitte Grün spielen möchtest. Genauso solltest Du in Erwägung ziehen, bei leichten Unsicherheiten den Ball einfach in die Mitte des Grüns zu schlagen.

To-do des Tages

1. Schaue Dir bei Deiner nächsten Runde auf Deinem Heimatplatz die Bahnen vom Grün aus an und notiere alle neuen, für Dich wichtigen Informationen.

2. Achte bei Deiner nächsten Privatrunde genau auf die einzelnen Fahnenpositionen, stufe selbst die Fahnenposition in leicht, mittel oder schwer ein. Bei allen Löchern mit einer schwer eingestuften Fahnenposition schlage den Ball Mitte Grün.

   Trotzdem gilt: Bleibe fokussiert!

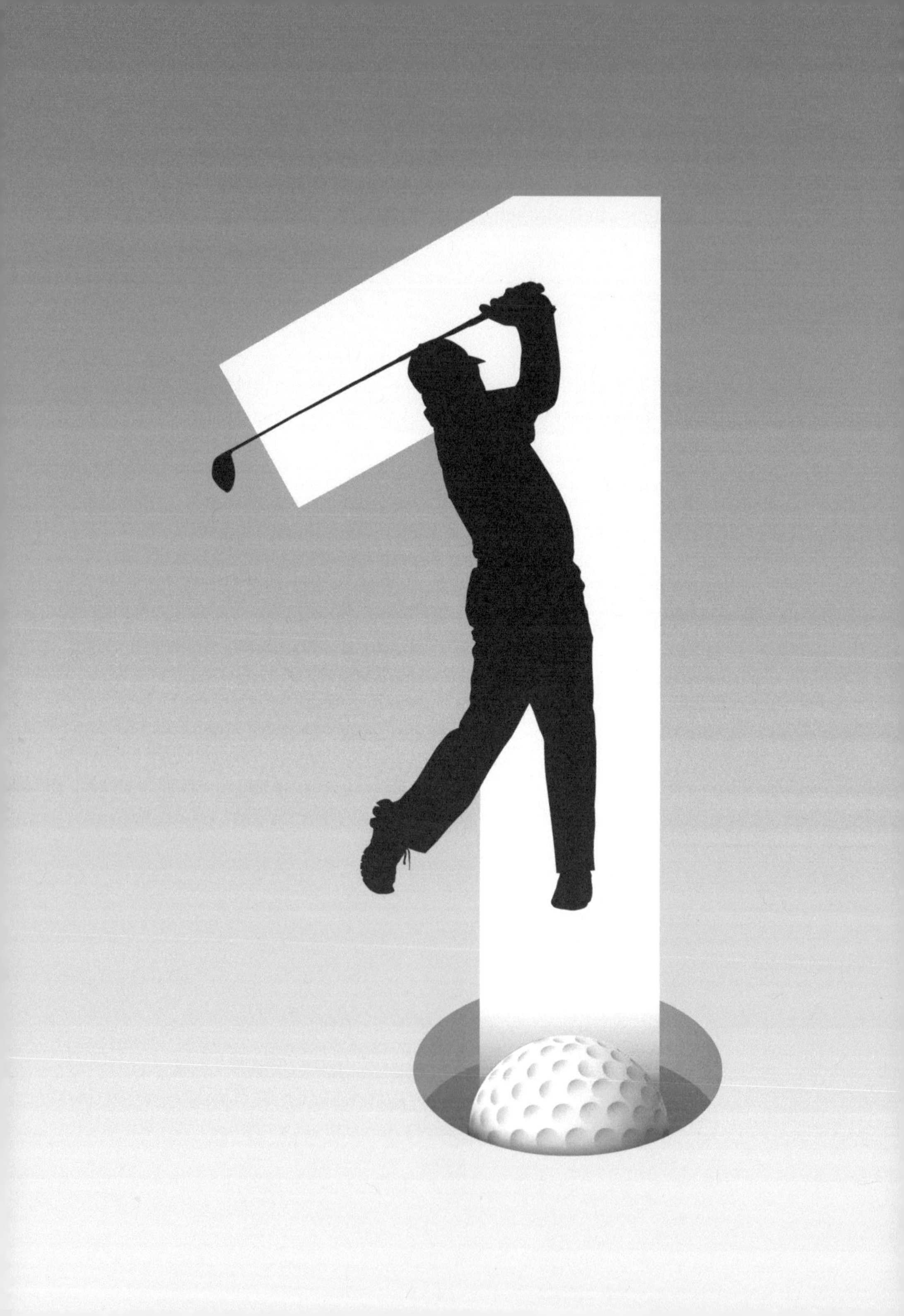

7. Joker: kurzes Spiel

Lass mich dieses Kapitel wieder mit einer Story aus meinem Leben beginnen, die ich nicht erzähle, um ‚dicke' zu tun, sondern um Dich zu motivieren, alle Chancen wahrzunehmen.

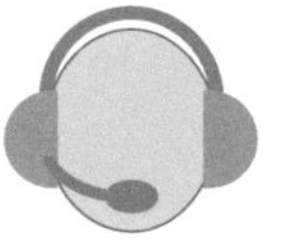

Nutze das KOSTENLOSE WEBINAR „GOAL 1N ONE" – damit kannst Du Deine Erkenntnisse aus diesem Buch direkt besser umsetzen: www.yannickrosenberger.de/webinar

Im Mai 2013 wurde ich zu einem Charity-Turnier in Berlin eingeladen. Ich hatte absolut keine Lust darauf, das Turnier zu spielen; es fand an einem Montag statt. Die Woche davor war ich in Hamburg bei einem Pro-Golf-Tour-Event und an dem Wochenende stand ein DGL-Spieltag mit der Ersten Herrenmannschaft im Golfclub Hanau an. Es war mir ehrlich gesagt einfach zu stressig. Dennoch ließ ich mich überreden und sagte zu. Der DGL-Spieltag am Vortag war eine einzige Regenschlacht. 36 Loch Golf im strömenden Regen und anschließend 600 Kilometer nach Berlin. Vielleicht kannst Du Dir ausmalen, dass ich mich auf dem Weg dorthin einige Male selbst verflucht habe. Mitten in der Nacht kam ich dann auch endlich in Berlin an. Ich war einfach nur noch müde. Meine Motivation, in ein paar Stunden schon wieder aufzustehen und dort ein Turnier zu spielen, um dann anschließend 600 Kilometer nach Hause zu fahren, war entsprechend gering.

Unverhofft kommt oft

Ich spielte eine durchschnittliche Runde auf dem Platz des Golfclub Berlin-Wannsee. Um ehrlich zu sein, war ich einfach nur froh, als die Runde vorbei war. Zwei Dinge wusste ich zu dem Zeitpunkt noch nicht.

Zum einen, dass ich damit tatsächlich die Bruttowertung gewonnen habe, und zum anderen, dass dies ein Qualifikationsturnier von Diners Club war und sich sowohl der Netto- als auch der Bruttosieger für das Weltfinale in Abu Dhabi qualifizieren. Du kannst Dir bestimmt vorstellen, dass die Reue, dorthin gefahren zu sein, spätestens mit dieser Information verflogen war.

Ein halbes Jahr später flog ich also nach Abu Dhabi. Während wir uns hier in Deutschland auf den Winter vorbereiteten, durfte ich auf traumhaften Plätzen und bei sommerlichen 28 Grad Golf spielen. Ein absoluter Traum.
Gewohnt haben wir im Westin Abu Dhabi, direkt auf dem Abu Dhabi Golfplatz, wo jedes Jahr die Abu Dhabi HSBC Championship ausgetragen werden. Das Format war ziemlich cool, und die Veranstalter haben weder Kosten noch Mühen gescheut, daraus ein unvergessliches Ereignis zu machen. Jedes Team bestand aus drei Amateurspielern, die sich über ein Qualifikationsturnier für das Finale in Abu Dhabi qualifiziert hatten, sowie einem Pro, der vom Veranstalter eingeladen wurde. Einige ehemalige Tourspieler waren darunter.

Auf der Eröffnungsveranstaltung am ersten Abend wurden die Teams einander vorgestellt. Der Pro, Murry, war ein auf den ersten Blick etwas ernster Typ. Ein Schotte. Nicht so wirklich umgänglich an diesem Abend. Aber er sollte später noch auftauen.
Am nächsten Tag spielten wir eine Proberunde im Abu Dhabi Golfclub. Ein traumhafter Golfplatz, und Murry, unser schottischer Pro, wurde auch langsam warm mit uns. Ich unterhielt mich viel mit ihm, er erzählte mir, dass er zwei Jahre auf der European Tour gespielt hat und einige Jahre auf der Challenge Tour, bevor er sich entschied, als Teaching Pro in Schottland zu arbeiten. Er spielte unter anderem mit 63 Schlägen die niedrigste Turnierrunde der French Open 2003. Wow, eine 63 bei den French Open, da musst Du schon Golf spielen können, um so eine Leistung hinzulegen! Natürlich interessierte mich seine Geschichte sehr, ich löcherte ihn mit Fragen. Wie hat er trainiert, was waren seine Stärken und Schwächen? Woran ist es gescheitert? Was

muss man mitbringen, um auf die Tour zu kommen und dort auch zu bestehen.

Nach den drei Tagen, der Einspielrunde und den beiden Turnierrunden, war ich mit meinem Spiel sehr zufrieden. Das kam zu der Zeit wirklich sehr selten vor. Auf dem Yas-Links-Golfplatz, für mich einer der schönsten Plätze, die ich in meinem Leben bisher gespielt habe, spielte ich eine 67er-Runde mit einem Bogey auf dem eher leichteren 18. Loch. Auf dem Abu-Dhabi-Platz konnte ich noch eine 72 nachlegen. Zugegeben, wir spielten beide Plätze vom normalen Herrenabschlag, also nicht vom Turnierabschlag des Profiturniers. Und ich spielte wirklich gutes Golf. Bis auf meinen Putter war ich mehr als zufrieden mit meiner Leistung. Am Ende dieser drei Tage gab es noch eine wundervolle Abschlussveranstaltung. Jeder Teilnehmer bekam von seinem Pro ein handsigniertes Foto zur Erinnerung an dieses Event.

Auf meinem Bild stand: „Fabulous Swing, work hard on your shortgame.“ Das soll so viel heißen wie: Super Schwung, arbeite hart an Deinem kurzen Spiel.
Natürlich konnte ich das nicht so stehen lassen und wollte genau wissen, was mein Pro damit meint. Er sagte zu mir, dass ich ihn doch gefragt habe, was man brauche, um auf die Tour zu kommen und sich dort auch zu halten. Ich antwortete: ja genau. Er sagt: „Da draußen laufen Spieler rum, die wirklich keinen schönen Schwung haben, anders gesagt, es gibt nur wenige mit einem wirklich guten Schwung. Alle haben aber zwei Dinge gemeinsam. Sie kennen ihren Schwung und vertrauen ihm genau so, wie er ist. Und sie haben allesamt ein geniales kurzes Spiel. Ohne diese beiden Faktoren hast Du auf der Tour keine Chance.“

Das kurze Spiel gewinnt

Mit dieser Antwort konnte ich etwas anfangen. Sie hat mich zwar stellenweise ein wenig überrascht, aber es hat für mich Sinn ergeben. Außerdem musste er es ja wissen.

Work hard on your short game.

Die Lehre, die ich aus dieser Zeit und den vielen Gesprächen mit Murry gezogen habe: Warum steht ein Amateur Stunden für Stunden auf der Range und investiert wenig bis gar keine Zeit in sein kurzes Spiel? Es gibt so viele Golfverrückte, die sich nach dem eigenen Spiel noch Stunden lang Golf im Fernsehen anschauen.

Aber was schauen wir uns davon wirklich ab? Die genialen Schläge aus dem Wald, die zahllosen Putts, die aus großer Entfernung gelocht werden, die Chips, Pitches und Bunkerschläge, die im Loch verschwinden? Die Erkenntnis daraus ist doch meist, dass wir das sowieso nie so gut können werden und erst mal an den Basics, dem Schwung, arbeiten sollten.

Zwei Dinge möchte ich an der Stelle einwerfen. Niemand zeigt die 20 Spieler eines jeden Turniers, die einen Fehlschlag nach dem anderen machen. Niemand zeigt die verschobenen Putts aus eineinhalb Metern des gesamten Feldes. Die einzigen Spieler, deren schlechte Schläge eingeblendet werden, sind Namen wie Tiger Woods, Jordan Spieth, Justin Thomas, Justin Rose, Dustin Johnson, Rory McIlroy, Phil Mickelson und natürlich auch noch einige mehr. Das Teilnehmerfeld besteht aber zumeist aus 150 Teilnehmern. Was ist mit den über 100 Teilnehmern, die regelmäßig auch mal so einen Putt verschieben? Ich sage es euch, es wird uns einfach nicht gezeigt.

Ich möchte Dir dazu ein paar Statistiken aufzeigen (s. Abb. Seite 183).

Wir sehen nur einen Ausschnitt der echten Golfrealität

Das, was wir im Fernsehen gezeigt bekommen, und der eigentliche Durchschnittswert der PGA-Tour, also der besten Golfer der Welt, liegt in meinen Augen sehr weit auseinander. Du kannst hier sehen, dass aus sieben Fuß, also etwas mehr als zwei Metern, nur noch 56 Prozent der Putts eingelocht werden.

Natürlich ist das immer noch ein verdammt guter Wert. Trotz allem bin ich der Meinung, dass das Fernsehen suggeriert, dass 90 Prozent oder noch mehr davon eingelocht werden.

Distanz (Fuß)	Distanz (Meter)	1-Putt %	2-Putt %	3-Putt+ %
1	0,305	100	0	0
3	0,915	96	4	0
5	1,525	76	24	0
7	2,135	56	43	0
10	3,05	38	61	1
12	3,66	31	68	1
15	4,575	23	76	1
20	6,1	15	83	2
25	7,625	10	87	3
30	9,15	7	88	5
40	12,2	4	86	10
50	15,25	3	81	16
60	18,3	2	75	23

Abb. 21: Puttstatistik der PGA Tour

Quelle: eigene Darstellung nach www.pgatour.com/stats.html

Imitation funktioniert nicht

Das zweite, was wir uns von unseren Idolen auf der Tour gerne abschauen und auch tatsächlich versuchen, uns anzutrainieren, ist die Art, wie sie schwingen. Ich bin ein (schlechtes) Musterbeispiel dafür. Ich habe Jahre damit verbracht, mir ein Schwungvorbild zu suchen, und habe es in Adam Scott gefunden. Das ist für mich der Inbegriff eines perfekten Golfschwungs.

Das Problem dabei ist: In dem Moment, in dem Du versuchst, jemanden zu imitieren, bist Du nicht mehr Du selbst. Ich würde behaupten,

Du musst (nur) in der Lage sein, Deinen Golfschwung wiederholbar zu kreieren. Mit Sicherheit.

ich hatte oder habe einen ansehnlichen Golfschwung. Mit Sicherheit gibt es einige Punkte in meinem Schwung, die sehr fehleranfällig sind. Optisch ist das jedoch nicht verkehrt. Was habe ich also gemacht? Ich habe an der Optik weiter gefeilt, am Ende des Aufschwungs war mir mein Schaft immer noch zwei bis drei Grad zu flach. Ich kann Dir sagen, wenn ich eine Sache wirklich bereue, dann ist es genau das.

Heute denke ich, dass ich auf der Suche nach Perfektion jahrelang an den falschen Dingen gefeilt habe. Mach Du nicht auch diesen Fehler! Lass Dich von einem Tiger Woods oder einem McIlroy inspirieren, aber nicht mehr. Arbeite mit Deinem Pro an Deinen Basics. Wenn die stimmen, bist Du in der Lage, einen Golfschwung wiederholbar zu kreieren. Mehr brauchst Du gar nicht. Die Wiederholbarkeit Deines Golfschwungs ist der entscheidende Faktor in Deinem Spiel.

Wie Bobby Jones schon sagte: „Die Frage ist nicht, wie gut Deine guten Schläge sind, sie lautet: Wie schlecht sind Deine schlechten Schläge?

Mach das Beste aus Deinen persönlichen Möglichkeiten

Natürlich sollst Du ruhig immer mal wieder mit Deinem Pro an Deinem Schwung arbeiten, aber fokussiere Dich dabei wirklich auf Deine Basics und lasse den Perfektionismus zu Hause.

Es klingt jetzt vielleicht etwas hart, aber die allermeisten, die nicht mit einem Schläger in der Hand geboren wurden, sind physisch auch gar nicht in der Lage, die Schulter so weit hinter den Ball zu drehen wie ein Dustin Johnson. Oder die Kraft eines Rory McIlroy aufzubringen.

Beim Golfspielen geht es darum, aus dem, was Dir zur Verfügung steht, das Beste zu machen.

Training langes *versus* kurzes Spiel

Hast Du Dir schon einmal überlegt, wie viel Zeit Du für das Training Deines langen Spiels und für Dein kurzes Spiel aufwendest?

Ich tippe mal auf mindestens 75 Prozent beim langen Spiel. Habe ich recht?

Ich selbst würde behaupten, dass ich über die Jahre mindestens 70 Prozent meiner Zeit auf der Range gestanden habe. Entweder habe ich auf Biegen und Brechen versucht, Fehler zu finden und zu verbessern, oder wenn es gut lief, konnte es ja immer noch besser werden. Meine Einstellung zu dieser Art des Trainings würde ich rückblickend als nicht besonders hilfreich einstufen. Denn nur selten bin ich tatsächlich zufrieden von der Driving Range gekommen. Der Perfektionismusdrang in mir war nicht befriedigt.

Auch in Phasen, in denen ich den Ball wirklich sehr gut getroffen habe, ist mir noch der ein oder andere Schlag aufgefallen, der nicht gut war. Ich behaupte einmal, dass ich sehr oft das Haar in der Suppe gesucht habe. Und wenn man nur lange genug danach sucht, dann findet sich auch immer etwas.

Ich würde mir nie anmaßen, ein Buch über den Golfschwung zu schreiben. Aufgrund meiner Erfahrung kenne ich mich schon mit einigen Dingen sehr gut aus, aber für dieses Thema gibt es ausgewiesene Experten, die, abgesehen von einer jahrelangen Ausbildung, auch noch Jahrzehnte lange Erfahrung mit dem Golfschwung besitzen. Und dieses Wissen sehr erfolgreich an viele Schüler vermittelt haben.

Wovon ich allerdings etwas verstehe, ist das kurze Spiel.
Wenn Du gut im kurzen Spiel bist, hat das viel mehr positive Effekte auf Dein gesamtes Spiel, als Du Dir vorstellen kannst. Für mich ist es der Joker des Golfsports.
Jeder, wirklich jeder, der sich verbessern will, sollte viel Zeit in diesen Bereich seines Spiels investieren.

Das wirklich schöne am kurzen Spiel ist, dass es jeder trainieren kann. Innerhalb kurzer Zeit kann wirklich jeder der Beste in seinem Club in diesem Bereich werden. Ein Pitch oder gar ein Chip oder Putt ist eine so viel einfachere und unkompliziertere Bewegung als ein voller Schwung. Demnach ist es auch viel leichter, sich eine Wiederholbarkeit anzutrainieren.

Lohnenswert: Annäherung trainieren

Mit guten Schlägen unter 100 Metern macht Dein Spiel große Fortschritte, aber richtig große Sprünge in Deinem Spiel machst Du mit den Schlägen unter 50 Metern.

Was passiert, wenn Du Deinen Fokus in Zukunft auf das Training genau dieser Schläge legst? Du wirst natürlich häufiger den Ball viel näher an die Fahne bekommen. Deine schlechten Annäherungen werden in Zukunft nicht mehr so weit von der Fahne entfernt sein. Zudem wirst Du durch häufigeres Trainieren Deiner Putts mehr Bälle einlochen.

Fakt ist, wenn Du diesen Bereich trainierst und Dir von Deinem Trainer die Basics beibringen lässt, wirst Du zwangsläufig immer besser.

Wiederholbares Können gibt Selbstvertrauen

Ein gutes kurzes Spiel hat aber noch einen weiteren entscheidenden Vorteil. Wenn Du genau weißt, dass Du innerhalb von 50 Metern immer das *Up & Down* machen kannst und es keinen Schlag gibt, den Du fürchtest, steigert das Dein Selbstvertrauen um ein Vielfaches. So gehst Du beim langen Spiel viel entspannter an die Sache ran. Du hast nicht mehr den Druck, jedes Grün treffen zu müssen, weil Du aus jeder Situation innerhalb von 50 Metern mit zwei Schlägen im Loch sein kannst.

Ein gutes kurzes Spiel nimmt Dir den Druck bei den langen Schlägen.

Was passiert, wenn Du entspannter an Deine langen Schläge rangehst?

Du wirst bessere Schläge machen! Das ist ein sehr beruhigendes Gefühl zu wissen, dass ich von überall das Par retten kann. Natürlich will ich trotzdem sehr gute, lange Schläge machen, aber der Druck, der auf mir lastet, verfliegt plötzlich. Genauso wie der Ärger nach einem schlechten Schlag ins Grün. Warum sollte ich mich auch ärgern? Mein kurzes Spiel ist so gut, dass ich trotzdem mit zwei Schlägen im Loch bin.

Aus mentaler Sicht ist das ein großer Gewinn.

Den Druck, das Grün zu treffen, hast Du dann nicht mehr. Mit Sicherheit ist das zwar Deine Erwartung, aber die Enttäuschung, wenn Du das Grün nicht triffst, ist eher gering. Es gibt ja auch gar keinen Grund dafür, besonders enttäuscht zu sein, denn das *Up & Down* ist ja absolut machbar. Den Ärger über einen schlechten Schlag ins Grün kannst Du Dir in Zukunft natürlich auch sparen. Denn am Ende zählt das Ergebnis, und auf Dein kurzes Spiel kannst Du Dich ja verlassen. Frust kommt so gar nicht erst auf. Und die Angst vor einem Schlag ins Grün wirst Du von Zeit zu Zeit auch ablegen können. Mit Deinem guten kurzen Spiel brauchst Du keine Angst mehr zu haben.

Das Matchplay

Es gibt Spielformen, da ist das kurze Spiel ganz besonders wichtig. Auch wenn wir das ganze Jahr über meist den Modus Stableford oder Zählspiel spielen, gibt es doch immer mal wieder Ausnahmen. Das gute alte Matchplay. Nach wie vor gibt es für mich nichts Größeres als diese Spielform. Es ist so viel emotionaler als eine Zählspielrunde. Und wie wir wissen, alles, was wir mit Emotionen verbinden, bleibt viel stärker und länger in unserem Gedächtnis.
Wenn Du schon mal ein richtig enges Matchplay absolviert hast, wirst Du mir wahrscheinlich recht geben, dass Du Dich daran noch sehr gut erinnern kannst. Die meisten „normalen" Runden haften nicht so gut in der Erinnerung.

Im Matchplay entscheidet oft das kurze Spiel

Das kurze Spiel macht im Matchplay oft den entscheidenden Unterschied aus. Dabei geht es gar nicht darum, dass Du dadurch automatisch besser Golf spielst. Ein Hebel ist, dass Du Deinen Gegner damit „wahnsinnig machst", also etwas demoralisierst. Die ständigen Ups & Downs aus den verschiedensten Lagen gehen nicht spurlos an Deinem Gegner vorbei. Jeder hofft doch zumindest ein wenig auf den Fehler des anderen. Wenn die Fehler sich bei Dir aber nicht in Zahlen ausdrücken, weil Du jedes Par retten kannst, bringt das Deinen Gegner irgendwann aus seinem eigenen Spiel raus.

Ich habe einige Matches auf genau die Art und Weise gewonnen. Bei ganz vielen lag ich nach 13 oder 14 gespielten Löchern noch hinten und konnte das Match noch drehen. Teilweise eben auch, weil der Gegner irgendwann angefangen hat, Fehler zu machen. Ich würde sogar so weit gehen und behaupten, dass Du Deinen Gegner damit zu Fehlern zwingst.

Eine Golfrunde kann so verdammt lang sein und der Kopf hat jede Menge Zeit nachzudenken. So manch einer hat den Sieg gedanklich schon in der Tasche, ein anderer in seinem Kopf schon das Loch gewonnen. Der nächste unterschätzt Dich, weil seine langen Schläge viel besser sind als Deine. Der Spruch „Hochmut kommt vor dem Fall" trifft ganz gut zu. All das ist wieder ein sehr gutes Beispiel dafür, wie wichtig es ist, im Hier und Jetzt zu bleiben.

Solche Gedanken nagen an einem, wenn es doch anders kommt als gedacht – und je näher wir den letzten Bahnen kommen, desto intensiver wird das.

Vier Kernstärken eines sehr guten Matchplay-Spielers

Meiner Meinung nach gibt es vier Kernstärken, um ein guter Matchplay-Spieler zu sein: ein sehr gutes kurzes Spiel, Druck zu lieben, niemals aufgeben und schließlich zu wissen, in welchen Situationen defensives oder aggressives Spiel nötig ist.

7.1 Das Geheimnis des kurzen Spiels

Es gibt sieben Geheimnisse des kurzen Spiels. Gehen wir diese nun gemeinsam durch.

Du brauchst eine technische Basis.

Das erste Geheimnis: Du brauchst eine technische Basis. Eine Bewegung, die es Dir erlaubt, die jeweiligen Schläge wiederholbar auszuführen.
Dein Pro kann Dir alles beibringen, was Du dazu brauchst. Ergänzend kann ich Dir dazu das Video von Phil Mickelson *Secrets of the Shortgame* empfehlen, das inzwischen sogar kostenlos auf YouTube zu sehen ist. Phil Mickelson hat dazu auch ein Buch mit dem Titel *Mein*

kurzes Spiel herausgebracht, das Du auch im Literaturverzeichnis hinten im Buch findest.

Ich glaube, über die vergangenen Jahrzehnte gab es wahrscheinlich nur ganz wenige, die rund ums Grün so wie ein Phil Mickelson glänzen konnten. Zudem finde ich den zweistündigen Videokurs wirklich super aufgebaut, einfach erklärt und für mich persönlich sehr hilfreich. Zudem zeigt er Dir einige Übungen, die Du ebenfalls in Dein Training mit einfließen lassen kannst.

Das zweite Geheimnis lautet trainieren. Zum Erfolg hat es noch nie einen Fahrstuhl gegeben, Du wirst leider ebenfalls die Treppe nehmen müssen.

Training lautet das Zauberwort.

Das dritte Geheimnis besteht darin, das Richtige zu trainieren. Es gibt einen großen Unterschied zwischen Training und Training. Ein entscheidender Punkt ist, dass Du Dir darüber bewusst bist, was Du gerade tust und wozu es gut sein soll. Möchtest Du 1,5 Stunden an Deinen Schlägen zwischen 40 und 80 Metern arbeiten, dann brauchst Du einen Plan und eine Übung für genau diese Entfernungen.

Ein Teil dieser Übung sollte einen Test beinhalten, den Du im Anschluss auswerten kannst, um Deinen Fortschritt messen zu können. Möchtest Du ein wenig Praxis für verschiedene Spielsituationen bekommen, dann würde sich eine Runde auf einem Kurzplatz anbieten oder ein Chip-Duell mit Deinem Golfpartner. Möchtest Du an Deinem Gefühl arbeiten, dann solltest Du neue und ungewohnte Situationen ausprobieren:
Flop Shots, lange Bunkerschläge, aufgeteete Bälle, schlechte Lagen. Pitchen mit einem Eisen 9, 7 oder 5. Pitche den Ball mit einem Eisen 7 auf eine Fahne, die hinter einem Bunker steht. Das fördert Dein Ballgefühl und vor allem Deine Kreativität und Dein visuelles Denkvermögen. Außerdem macht es auf eine absurde Art und Weise extrem viel Spaß. Ein wenig Galgenhumor solltest Du allerdings mit zum Training nehmen. Auch das Spielen unter Druck lässt sich trainieren. Zum Bei-

Das kurze Spiel ist auch oft eine Frage der Kreativität.

spiel kannst Du, nachdem Du einen Test zu einer Übung absolviert hast, einen sogenannten Drucktest im Anschluss absolvieren. Dabei hast Du für jede Entfernung immer nur eine einzige Chance, also wie auf dem Golfplatz auch. Du wirst sofort merken, dass dies eine ganz andere Situation ist. Was ebenfalls eine gute Möglichkeit ist, Drucksituationen zu üben: Du spielst gegen jemand anderen. Ein Chip-Putt-Duell, ein Pitch-Putt-Duell, ein reines Putt-Duell oder eine Runde auf dem Kurzplatz sind tolle Übungen. Spielt am besten um einen kleinen Einsatz, das macht die Sache noch spannender.

Probieren geht über Studieren.

Das vierte Geheimnis lautet: Ausprobieren! Wie gerade schon erwähnt, probiere auch einfach mal Schläge aus, wie unrealistisch sie auch erscheinen mögen. Versuche, den Ball über einen hohen Baum zu spielen oder zwischen zwei Ästen durchzuspielen. Probiere einmal, mit einem Eisen 7 den Ball aus 40 Metern an die Fahne zu pitchen, selbst wenn ein Bunker vorne dran ist. Das fördert stark Dein visuelles Denken, Deine Kreativität und Dein Ballgefühl.

Ich möchte Dir hierzu noch eine Geschichte aus meiner Jugendzeit erzählen. Wir waren eine Gruppe von Jugendlichen, die jede freie Minute auf dem Golfplatz verbracht hat. Wir haben uns wirklich gut verstanden und hatten gemeinsam unglaublich viel Spaß. Jeder von uns wollte besser werden, um irgendwann zumindest in der 1. Herrenmannschaft zu spielen. Wir haben trainiert und trainiert und trainiert. Was wir allerdings am aller liebsten gemacht haben, war auf unserem 5-Loch-Kurzplatz zu „zocken“. Ich kann Dir nicht im Ansatz sagen, wie viele Runden ich in meinem Leben auf diesem Kurzplatz gedreht habe. Oft haben wir uns morgens um neun Uhr getroffen und haben erst um 20 Uhr, manchmal erst um 22 Uhr aufgehört. Teilweise standen wir bis zu 13 Stunden auf dem Kurzplatz und haben gezockt. Wie Du Dir bestimmt denken kannst, wird es doch irgendwann ganz schön langweilig, wenn Du stundenlang immer die gleichen Löcher spielst. Deswegen haben wir angefangen, „Querfeldein“ zu spielen. Das heißt, jeder hat einen Startpunkt und ein Loch rausgesucht. Glaube mir, da waren Situationen dabei, die waren fernab jeder Reali-

tät. Wir haben unserer Kreativität wahrlich freien Lauf gelassen. Auf dem Kurzplatz gibt es an Loch 3 einen kleinen See. Im Winter, wenn der See gefroren war, haben wir die Löcher teilweise so gespielt, dass der Ball auf dem See aufkommen muss. Wir haben den Kurzplatz mit jedem erdenklichen Schläger gespielt, den Driver mal ausgenommen. Irgendwann kam uns dann die Idee, wir könnten den Platz doch auch mal falsch herum spielen. Das heißt, ich habe als Linkshänder mit Rechtshandschlägern gespielt. Alle anderen mit meinen Schlägern. Mir fällt tatsächlich kein Schlag ein, den wir nicht ausprobiert haben.
Als wir dann tatsächlich in den Kader der 1. Mannschaft aufgenommen wurden, waren wir vom Handicap in dem Moment noch die schlechtesten. Im kurzen Spiel hat uns allerdings definitiv keiner das Wasser reichen können.

Rückblickend betrachtet, war es natürlich eine absolut grandiose Zeit, die ich niemals vergessen werde und für die ich sehr dankbar bin.
Einige Jahre danach habe ich darüber nachgedacht und mir schon ernsthaft überlegt, warum ich nicht die ein oder andere Runde weniger auf dem Kurzplatz gedreht habe, um die Zeit für effektiveres Training zu nutzen.

Rückblickend kann ich Dir aber sagen, dass dies das beste Training war, das ich jemals hatte. Es gibt auch heute noch keinen Schlag unter 100 Metern, der mir in irgendeiner Art und Weise Bauchschmerzen bereitet. Ich habe jeden nur erdenklichen Schlag schon mal gemacht. Das alles nur durch das Ausprobieren von den unmöglichsten Schlägen.

Geheimnis Fünf: Visualisierung!
Deine Vorstellungskraft ist ein entscheidender Faktor, vor allem im kurzen Spiel. Umso klarer Dein Bild von dem Schlag ist den Du gleich spielen möchtest umso selbstbewusster fühlst Du Dich am Ball, umso höher ist die Wahrscheinlichkeit auf ein gutes Ergebnis. Nutze

zumindest ein Teil Deines Trainings dazu, jeden Schlag mit Deiner vollen Routine durchzuführen. Hierzu hilft es, wenn Du Dir laut oder leise vorsagst, wie Du diesen Ball jetzt spielen möchtest. Wie soll der Ball starten? Hoch? Mittel? Flach? Wo soll der Ball landen? Was macht der Ball nach der Landung? Rollt er noch drei Meter? Bleibt er sofort liegen? Lass die äußeren Gegebenheiten in Deine Visualisierung miteinfließen. Grünhärte und Wind spielen eine entscheidende Rolle. Gehe hier häufiger in den Turniermodus und spiele jeden Ball mit absolutem Fokus.

Geheimnis Sechs und Sieben: Training, Training, Training.
Am Ende dieses Kapitels werde ich Dir einige Möglichkeiten aufzeigen, wie Du mit deutlicher weniger Zeit, als ich sie damals hatte, ein effektives und spaßiges Training gestaltest, das Dich zu einem der Besten in Deinem Club im kurzen Spiel machen wird.

7.2 Die sinnloseste Übung meines Lebens

Ich habe Dir in einem vorigen Kapitel schon von meiner USA-Reise zu Manny erzählt, dem Trainer aus Südafrika.
Ich weiß bis heute nicht, ob er mich diese Übung hat machen lassen, weil er mich mochte und wollte, dass ich besser werde. Oder weil er mich überhaupt nicht leiden konnte. Ich hatte mich relativ schnell als Mickelson-Fan geoutet, da waren wir eher unterschiedlicher Meinung.

Manny ließ mich eine Übung machen, für die ich ihm heute wirklich dankbar bin. Damals habe ich ihn dafür wirklich verflucht. Diese Übung war so simpel wie schwer. Ich durfte nur meine 58-Grad-Lob-Wedge benutzen. Vor mir lagen ein Haufen Bälle und in fünf Meter Entfernung ein Tor, das maximal 1,3 Meter hoch war. Die Aufgabe bestand darin, dass ich mit diesem Schläger den Ball durch das Tor auf eine ca. 50 Meter entfernte Fahne spielen muss. Ich stand da viele Stunden und bin regelrecht verzweifelt. Ich habe es einfach nicht hinbekommen.

Ich wusste nicht, wie ich den Ball spielen soll, damit er nicht über das Tor fliegt und trotzdem in der Nähe von der Fahne liegen bleibt. Glücklicherweise kam Manny jede Stunde mal vorbei, um das Tor noch ein wenig weiter von mir wegzustellen. Ich habe dort den ganzen Tag gestanden und habe nichts anderes gemacht, als den Ball durch das Tor zu spielen.

Nach vielen Stunden habe ich tatsächlich auch eine Vielzahl der Bälle durch das Tor spielen können. Am Abend hat mir Manny dann den Sinn der Übung erklärt. Er fragte mich, ob ich einen Ball, mit der Lob-Wedge, flach und mit viel Spin spielen kann.
Ich antwortete: Nein. Seine Antwort war: „Doch, seit heute kannst Du es.“ Er erklärte mir, dass er zwar den ganzen Tag Trainerstunden gegeben hat, mich aber beobachtet hat, um zu sehen, wie ich mit der Situation umgehe. Ihm ging es darum, dass ich diesen Schlag nie wieder verlernen werde und die Übung sehr wahrscheinlich auch nie wieder vergessen werde. Er sollte recht behalten.

Ich bin mir sicher, dass Du mich nachts um drei Uhr wecken kannst und ich Dir den Ball mit der Lob-Wedge flach und mit Spin an die Fahne spiele.

Den Schlag habe ich so oft trainiert, dass er inzwischen einfach zu mir gehört. Er ist tief in mir gespeichert. Zudem war das für mich eine prägende Erfahrung. Ich bin ganz ehrlich. Ich hatte nach einer Stunde absolut keine Lust mehr, das war so frustrierend. Aber ich wollte Manny und natürlich auch mir beweisen, dass ich das hinbekomme, auch wenn ich noch nicht wusste wie.

Das war für mich ein sehr emotionales Erlebnis, deshalb werde ich es vermutlich auch die nächsten 30 Jahre nicht vergessen.

Training plus emotionales Ereignis = Erinnerung
Diese Geschichte ist auch für Dich sehr wichtig. Wenn Du das Geübte in Deinem Unterbewusstsein speichern willst, musst Du zusätzlich

Verbinde Neues mit einem emotionalen Ereignis, um es besser abspeichern zu können.

zu den Wiederholungen das Ganze mit einem emotionalen Ereignis verbinden. Das kann eine Übung sein, die Dich verzweifeln lässt. Das kann aber auch eine Visualisierung sein, wie Du einen Pitch hoch und weich auf das 13. Grün des Augusta-National-Golfplatzes spielst. Die Fahne steht rechts hinter dem Wasser, Dein Ball landet knapp hinter der Fahne, macht einen Satz nach vorne in die Welle, durch den Backspin und die Welle kommt er wieder zurück zur Fahne und Du siehst nur noch, wie er mit der letzten Umdrehung im Loch verschwindet.

Verleihe Deinem Training punktuell Emotionen. Immer, wenn Du etwas in Deinem Unterbewusstsein verankern willst, gib der Situation, dem Schlag, was auch immer es ist, die benötigte Emotion. Mach etwas Besonderes daraus. Spüre den Wind, die Temperatur, das Vogelgezwitscher. Nimm alles um Dich herum wahr. Wenn Du Dein Putten trainierst, stell Dir vor, wie Du am letzten Loch Deiner Clubmeisterschaften stehst. Diesen 2-Meter-Putt brauchst Du noch, um den Titel zu holen. Denke und versetze Dich in die Situation.

Wir haben schon in Kapitel 4 über unseren Fokus gesprochen, was der Unterschied zwischen Trainings- und Turniermodus ist und wir haben auch schon kurz darüber gesprochen, was der „Unterschied" zwischen unserem kurzen und unserem langen Spiel ist. Da genau dieser Punkt aber wahnsinnig wichtig für Dein Golfspiel ist, möchte ich im folgenden Kapitel noch mal näher darauf eingehen.

7.3 Kurzes Spiel *versus* langes Spiel

Egal, welche Spielstärke Du hast, die meisten Schläge, die Du auf einer Golfrunde machst, sind Schläge aus einer Distanz von unter 100 Metern. Der letzte Schlag, den Du an einem Loch machst, wird aus weniger als 100 Metern sein. Entweder es ist ein Putt, ein Chip oder gar ein Pitch oder Bunkerschlag. Natürlich kannst Du auch ein Hole-in-one spielen oder den Ball aus über 100 Metern direkt einlochen. Das wird wahrscheinlich aber selten der Fall sein.

10.000 Übungsschwünge bis zum Können

Nahezu jeder Golfer steht dennoch zu über 75 Prozent auf der Range und feilt an seinem Schwung oder versucht, aus seinem Driver noch mehr Länge herauszukitzeln. Jede Schwungänderung kostet Dich mindestens 10.000 Übungsschwünge, bis Du diese in Dein Unterbewusstsein übertragen hast, also nicht mehr darüber nachdenken musst.

Mehr Länge aus Deinem Driver herauszuholen, erfordert ebenfalls eine Änderung im Schwung. Irgendetwas muss sich nun einmal ändern, wenn mehr Länge als bisher erzielt werden soll. Nicht selten ist es bei den besten Spielern der Welt passiert, dass sie nach einer Schwungänderung in der Versenkung verschwunden sind und erst nach Jahren oder gar nicht mehr aufgetaucht sind. David Duval, die ehemalige Nummer 1 der Welt, war irgendwann nicht mehr in der Lage, einen Cut zu schaffen.

Jede größere Änderung in Deinem Schwung birgt also nicht nur Chancen, sondern auch Risiken. Denn vielleicht ist das, was Du gerade machst, schon sehr gut. Vielleicht bist Du auch physisch gar nicht in der Lage, den Ball viel weiter zu schlagen. Ich behaupte nicht, dass die Arbeit am eigenen Schwung schlecht ist, ganz im Gegenteil. Ich bin allerdings ein Freund davon, dies mit Bedacht zu tun und dabei immer zu reflektieren: Was will ich mit dieser Änderung erreichen? Ist sie wirklich notwendig? Inwieweit bringt mich das weiter? Kann ich diese Änderung physisch schaffen?

Nur wenige Menschen sind in der Lage, ihren Driver über 280 Meter im Schnitt zu schlagen. Die Frage, die Du Dir stellen solltest, lautet, ob Du dazu in der Lage bist? Meinst Du, Du bist in der Lage, 30 weitere Meter aus Deinem Schwung herauszuholen?
So wie die meisten anderen bin ich es nicht. Zumindest momentan nicht. Mit extremen Änderungen könnte ich mich diesem Wert vielleicht ein wenig annähern. Eine gern genutzte Denkschleife, die ich immer wieder höre, lautet: „Wenn ich den Ball nur X Meter wei-

ter schlagen würde, würde ich auch viel besseres Golf spielen. Dann könnte ich jedes Par 5 mit 2 angreifen und hätte generell kürzere Eisen ins Grün." Oder: „Wenn ich den Ball nur so weit schlagen würde wie Du, dann würde ich definitiv besser spielen. Du schlägst an Loch 6 mit einem Wedge ins Grün, während ich mich mit einem Eisen 6 quälen muss."

Die üblichen Denkschleifen bringen Dich nicht weiter
Fakt ist, Du schlägst den Ball nicht weiter, und mit so einer Einstellung wirst Du auch kein besseres Golf spielen. Falls Du jemals so einen Satz gesagt hast, streiche ihn bitte aus Deinem Gedächtnis. Wir versinken nicht in Selbstmitleid. Mental starke Menschen übernehmen in allen Bereichen die Verantwortung für ihr Handeln. Sie haben die Macht, ihr Leben so zu gestalten und zu verändern, wie sie es möchten, weil sie in allen Belangen die volle Verantwortung übernehmen.

Nicht jeder kann einen Ball 280 Meter weit schlagen, aber jeder ist physisch dazu in der Lage, sich ein herausragendes kurzes Spiel anzueignen.

Es ist völliger Quatsch, dass Du mit einem längeren Abschlag automatisch besseres Golf spielst. Es ist zwar richtig, dass es leichter ist, ein Wedge ins Grün zu schlagen als ein Eisen 6, aber noch kein Spieler hat ein Turnier aufgrund der Länge gewonnen. Und das wird vermutlich auch nie passieren.
Mache aus dem, was Dir zur Verfügung, steht das Beste. Wenn Dir die physischen Voraussetzungen fehlen, um einen Ball 270 Meter weit zu schlagen, dann fokussiere Dich auf andere Schläge.

Eine kleine Übung dazu: Ich möchte, dass Du an dieser Stelle dieses Buch für einen Augenblick zuklappst und ein Blatt Papier nimmst, das Du zusammenknüllst, sodass es sich werfen lässt. Suche Dir ein Ziel aus, das ca. fünf Meter von Dir entfernt ist, dann wirfst Du die Papierkugel genau dorthin.

Ich bin mir sicher, dass Du das Ziel getroffen hast oder die Kugel wenigstens in der Nähe gelandet ist.
Hast Du es geschafft, bin ich mir sicher, dass Du alle physischen Voraussetzungen für ein herausragendes kurzes Spiel besitzt.

Jeder kann es lernen! Die Wenigsten tun es aber
Das ist Deine Chance, allen anderen einen Schritt voraus zu sein und Dein Spiel auf das nächste Level zu bringen.

Genau damit werden die Turniere gewonnen. Wenn Du hin und wieder Golf im Fernsehen schaust: Was haben alle Turniersieger gemeinsam? Ihr kurzes Spiel liegt bei 100 Prozent. Mit Sicherheit spielen sie auch gute lange Schläge, aber noch keiner hat nach einem Turniersieg im Interview behauptet, er habe das Turnier wegen seiner langen Drives gewonnen. Es sind die Pitches, die näher an der Fahne liegen, die Chips und die Bunkerschläge, die zum Tap-in am Loch liegen. Es sind die zwei bis drei Putts, die man sich pro Runde spart.

Wer den Film *Tin Cup* (1996) gesehen hat, erinnert sich vielleicht an die Szene, in der McAvoy (Kevin Kostner) mit einer Schaufel, einem Rechen und einem Baseballschläger um sein Auto spielt und folgenden Satz von sich gibt: „Der Drive ist was für Asse, doch beim Putten macht man Kasse."
Mach lieber *das* zu Deiner Denkschleife!

7.4 Die mentale 1-Putt-Strategie

In den letzten Jahren meiner Arbeit bin ich auf eine Möglichkeit gestoßen, wie Du sofort weniger Putts auf der Runde benötigen wirst. Ich nenne sie die mentale 1-Putt-Strategie.
Der Putt ist der technisch einfachste Schlag im Golf und doch bereitet er den meisten Golfern große Probleme. Das liegt hauptsächlich daran, dass der Schlag „zu einfach" ist. Du hast richtig gehört: Der Putt ist zu leicht für unser Gehirn. Es sucht nach weiteren Möglichkeiten, auf das es sich fokussieren kann. Wie es Dich und Deine Entscheidung infrage stellen kann. Und schon schnappt die Falle zu und Du bist nicht mehr fokussiert auf das, was Du jetzt tun möchtest, nämlich den Ball einzulochen. Du bist abgelenkt, ob die Ausrichtung wirklich passt, ob Du den Putter auch richtig bewegst, ob die Geschwindigkeit

die richtige ist, ob Du das Grün auch richtig gelesen hast. Sobald Du versuchst, all diese Faktoren bewusst zu kontrollieren oder auch nur ein oder zwei dieser Faktoren bewusst zu kontrollieren, wird dieser Ball mit sehr hoher Wahrscheinlichkeit nicht den Weg ins Loch finden. Um Dein Putten schnell zu verbessern, brauchst Du eine gute Routine und einen laserscharfen Fokus. Den Fokus auf das, WAS Du jetzt tun möchtest, den Ball einzulochen. Nicht, WIE Du es tun möchtest.

Die mentale 1-Putt-Strategie funktioniert nach einem ganz einfachen Schema, das Du sofort anwenden kannst. Sobald Du die Puttlinie gelesen hast und Dich zu dem, was Du „gelesen" hast, committed hast, stellst Du Dir eine Linie auf dem Grün vor, auf der der Ball gleich ins Loch laufen soll. Nehmen wir an, Du hast einen 2,5-Meter-Putt mit einem leichten rechts-links Break. Der Ball muss fünf Zentimeter rechts vom Loch starten, um am Ende Mitte Loch zu landen. Dann stellst Du Dir eine Linie vor mit einer leichten kurve, die genau fünf Zentimeter rechts von dem Loch startet und dann durch das Break genau ins Loch führt. Diese Linie kannst Du Dir in jeder Farbe vorstellen. Diese Farben können variieren, je nachdem, welche Farbe Du Dir gerade am besten vorstellen kannst. Da ich mit einer blauen Linie auf dem Ball spiele, versuche ich mir immer erst eine blaue Linie vorzustellen. Sehe ich keine blaue Linie, versuche ich es mit einer weißen. Klappt auch das nicht, versuche ich eine rote. Das geht intuitiv. Innerhalb von einer Sekunde.

Perfektion schafft Aggression

In den seltensten Fällen wirst Du eine ganz deutliche Linie vom Start bis zum Endpunkt sehen. Oft sind es nur ein paar Zentimeter. Entweder direkt hinter dem Ball oder die letzten Zentimeter vor dem Loch. Das ist wunderbar. Konzentriere Dich auf diese Strecke, die Du sehen kannst. Es geht um Deine Aufmerksamkeit und Deinen Fokus. Weg von dem, was Du nicht kontrollieren kannst, und hin zu dem, was Du kontrollieren kannst – Deine Vorstellungskraft.

Training, Training, Training

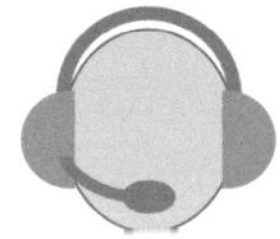

www.yannick-rosenberger.de/videokurs-mentale-staerke-im-golf

Jedes Jahr, wenn ich aus dem Winterschlaf komme, fällt es mir zu Anfang sehr schwer, diese Linien zu sehen. Wie Du weißt, funktioniert die Vorstellungskraft wie ein Muskel, der in meinem Fall lange nicht trainiert wurde. Also muss ich mir es zu Beginn der Saison erst wieder erarbeiten. Du musst das auf dem Puttinggrün trainieren, damit es auf dem Platz funktionieren kann. Mache keinen Putt mehr, ohne die mentale 1-Putt-Strategie anzuwenden. Sobald Du die Linie hinter dem Ball gesehen hast, egal wie lang die Strecke der Linie ist, gehst Du zum Ball, machst eventuell ein oder zwei Probeschwünge. Dann stellst Du den Putter hinter den Ball, Dein Blick geht LANGSAM vom Ball in Richtung Ziel. Dabei konzentrierst Du Dich einzig und alleine darauf, noch einmal so gut es geht die Linie zu sehen. Sobald Deine Augen wieder beim Ball angekommen sind, heißt es: Los! Deine Gedanken sind nur bei dieser Linie während des gesamten Prozesses.

Das beschäftigt Dein Gehirn so sehr mit dem, WAS Du jetzt tun möchtest, dass sehr wenig Kapazität übrig bleibt, um an all das zu denken, was Dir niemals beim Putten weiterhelfen wird.

Zusammenfassung des Kapitels

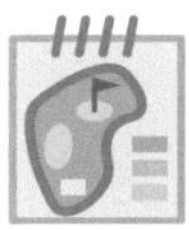

1. Nicht jeder ist physisch dazu in der Lage, einen Drive 280 Meter zu schlagen. Aber jeder kann ein gutes kurzes Spiel entwickeln.

2. Bei Schlägen unter 100 Metern oder gar unter 50 Metern ist der Bewegungsablauf weit weniger komplex als bei langen Abschlägen. Es ist daher viel einfacher, die Wiederholbarkeit der Schläge zu üben.

3. Durch das Verbessern Deines kurzen Spiels wirst Du viel schneller zwei bis fünf Schläge pro Runde sparen als mit der Optimierung Deiner Schwungtechnik für Deinen Driver. Ein

hohes Maß an Selbstvertrauen im kurzen Spiel nimmt Dir außerdem den Druck bei längeren Schlägen.

4. „Der Drive ist was für Asse, doch beim Putten macht man Kasse."

To-do des Tages

1. Führe die Übungen durch, über die wir in Kapitel „Trainingsroutine" gesprochen haben.

2. Erstelle zusammen mit Deinem Pro einen Trainingsplan.

3. Üben, üben, üben!

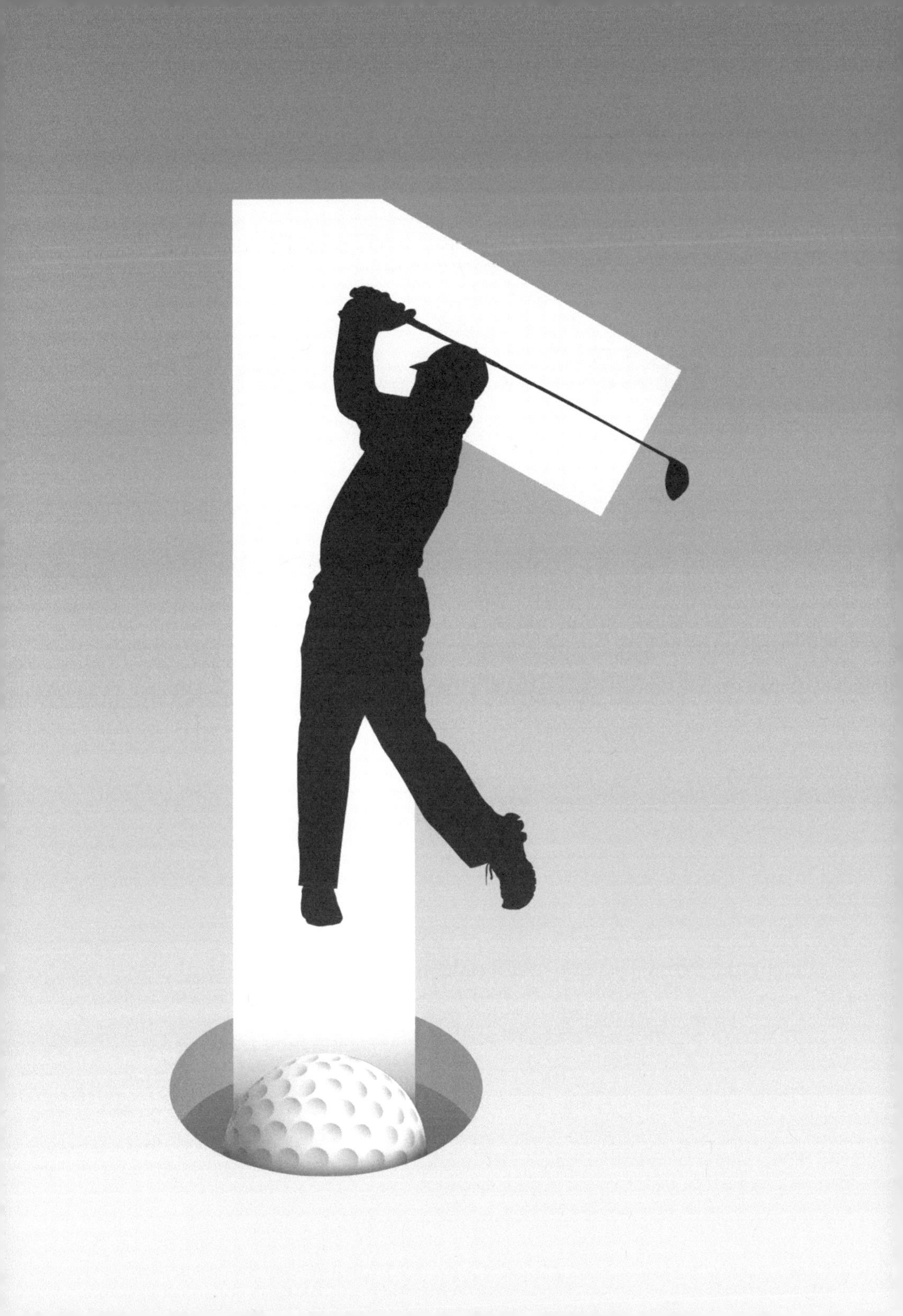

Lerne von den Besten

Hast Du schon mal den Spruch gehört: „Wenn Du selbst besser werden willst, umgib Dich mit den Besten Deines Fachs."

Es ist bestimmt kein Geheimnis, dass wir von stärkeren Spielern mehr als von gleich starken lernen. Wenn ein Spieler aus der ersten Mannschaft auf der Range steht, gibt es mit Sicherheit das eine oder andere Clubmitglied, das dessen Schläge mal anschaut und erstaunt von der Länge und der Dynamik seines Schwungs ist. Da gibt es im Anschluss oft ein nettes Gespräch an der Bar. Die meisten Zuschauer, die bei Profiturnieren mitlaufen und zuschauen, genießen die Atmosphäre und bewundern die Stars für deren Qualität. Ganz wichtig ist für sie dann auch, dass am Ende noch ein paar Fotos mit einem Profi rausspringen, um sie dann Freunden im Heimatclub zu präsentieren.

Ich war selbst schon bei einigen Profiturnieren und habe es unglaublich genossen. Es ist eine grandiose Atmosphäre.

Verhalten ist noch aufschlussreicher als Können

Wenn Du allerdings tatsächlich von besseren Spielern lernen willst, dann musst Du Deinen Fokus ändern. Bewundere ruhig weiter deren tolle Abschläge. Achte aber mehr auf das Verhalten des Spielers.
Denke jetzt mal bitte an den selbstbewusstesten und besten Spieler, den Du kennst. Wie ist seine Körpersprache, wie ist sein Gesichtsausdruck? Wie trainiert er (oder sie), wie bereitet er sich auf ein Turnier

vor? Wie bereitet er sich auf einen Schlag vor, wie ist seine Reaktion auf einen guten und einen schlechten Schlag? Das sind die Dinge, auf die Du achten solltest.
Wenn Du die Möglichkeit hast, diesen Spieler in Aktion zu sehen, dann nutze diese und achte dabei ausschließlich auf sein Verhalten und seine Reaktionen.

Studiere das Verhalten und die Trainingsweise der besten Spieler Deines Clubs.

Das Gleiche kannst Du auch tun, wenn Du am Fernseher Golf schaust. Höre nicht auf den Kommentator, sondern beobachte lieber die Spieler. Wie verhalten sie sich? Stell Dir vor, Du würdest jetzt neben diesen Spielern stehen und kannst alles hautnah beobachten.

Wenn Du ein erstes Bild gewonnen hast, wird es Zeit für einen Vergleich mit Dir. Wie unterscheiden sich Dein Verhalten und Deine Körpersprache von der des Profis? Was sind die Unterschiede in der Vorbereitung?
Wenn Du diese Fragen für Dich beantwortet hast, kannst Du Dir überlegen, welche Eigenschaften des Profis Du gerne übernehmen würdest und wie Du das erreichst.
Durch nichts wirst Du schneller lernen als mit einer solchen Imitation.

Ich wünsche Dir viel Spaß bei der Umsetzung, ganz viele gute Runden und viel mentale Stärke!

Dein Mentalcoach

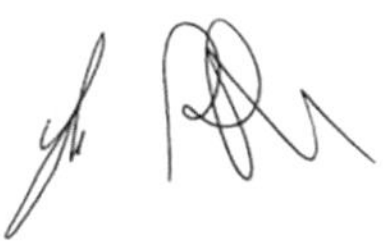

Yannick

Verzeichnis der verwendeten und weiterführenden Literatur

Fachbücher

Adamowicz, Frank: Golf 4.0. Die größten Mythen und Fehler im Golf. Berlin: Golfstunde 2018.

Berlepsch, Thimon von: Update für dein Unterbewusstsein. Neues Denken. Neues Handeln. Neues Fühlen. Genf: Ariston 2020 (auch als Audio-CD und eBook).

Bischoff, Christian: Selbstvertrauen: Die Kunst, dein Ding zu machen. Genf: Ariston 2014.

Buhr, Andreas: Agiere Jetzt! 7 Aktionsgesetze für mehr Erfolg im Leben. Düsseldorf: go Live Verlag 2017.

Clear, James: Die 1%-Methode. Minimale Veränderung, maximale Wirkung. 11. Aufl. München: Goldmann 2020.

Eker, T. Harv: So denken Millionäre: Die Beziehung zwischen ihrem Kopf und ihrem Kontostand. München: Heyne 2010.

Gallwey, Timothy W.: Inner Game Golf. Die Idee vom Selbstcoaching. 6. Aufl. Staufen im Breisgau: allesimfluss 2013.

Gladwell, Malcolm: Überflieger: Warum manche Menschen erfolgreich sind – und andere nicht. München: Piper 2010.

Hearing, Dorothee (mit Justin Walsh): Golf meets Mind. Praxis Mental-Training. 3. überarb. und erw. Aufl. München: Move your Game/bildhaft 2016 [eBook].

Heimsoeth, Antje: Sportmentaltraining. Mit einem Vorwort von Oliver Kahn. 2. Aufl. Stuttgart: pietsch 2018.

Heimsoeth, Antje: Golf mental. Pocket Training. Stuttgart: Pietsch 2012.

Hüther, Gerald: Die Macht der inneren Bilder: Wie Visionen das Gehirn, den Menschen und die Welt verändern. 9. Aufl. Göttingen: V&R 2015.

Löhr, Jörg / Pramann, Ulrich: Lebe deine Stärken! Wie Du schaffst, was Du willst. München: Econ 2004.

Maehrlein, Katharina: Achtsamkeit ganz praktisch. Wie Sie bei sich selbst bleiben, statt außer sich zu geraten. Offenbach: GABAL 2017.

Mickelson, Phil: Mein kurzes Spiel. München: BLV 2012

Neugebauer, Aljoscha: Intelligenz und Geschwindigkeit der Informationsverarbeitung. Wiesbaden: Springer 2014.

Nilsson, Pia: Every Shot Must Have a Purpose: How GOLF54 Can Make You a Better Player. London: Avery 2005

Rotella, Bob: Golf ist Selbstvertrauen. Besseres Handicap durch mentale Stärke. 3., durchges. Aufl. München: BLV 1997.

Rotella, Bob: Der unaufhaltsame Golfer. Erfolg im kurzen Spiel durch mentale Stärke. Grünwald: Copress Sport 2013.

Rotella, Bob: Der 15. Schläger. 2. Neuausg. Grünwald: Copress Sport 2014.

Terry, Peter: Mental zum Sieg. Ängste erkennen. Motivation steuern. Sportliche Leistung steigern. München: BLV 1990.

Tracy, Brian: Thinking Big, von der Vision zum Erfolg. 10. Aufl. Offenbach: Gabal 2016.

Websites (alle Links wurden vor der Drucklegung geprüft)

[Anonym:] On Wayne Rooney and Free Throws: Visualization in Sports. „I want you to picture a basketball ..." Online unter https://goalop.wordpress.com/2012/06/13/visualize-your-sports

Art. Kompetenzstufenentwicklung. Online unter https://de.wikipedia.org/wiki/Kompetenzstufenentwicklung

Art. Neuronales Netz. Online unter https://de.wikipedia.org/wiki/Neuronales_Netz

Gusenbauer, Bernhard: Roger Bannister und die Traummeile. Online unter https://motivationsgeschichten.com/2010/09/27/traummeile-gedankliche-blockade-9470680

Hamann, Frauke: Gedanken. Aus dem Gedankenkarussell ausbrechen! Online unter https://fraukehamann.jimdo.com/aus-dem-gedankenkarussell-ausbrechen

Hockling, Sabine: Positives Denken. „Wir sind auf Fehler fokussiert". Sorgen, Ängste, Zweifel: Nur ein Bruchteil unserer Gedanken ist positiv. Dabei sollte man sich gerade im Job auf das Gute konzentrieren, sagt Trainerin A. Heimsoeth. Interview. In: Die Zeit online vom 15. August 2015. Online unter www.zeit.de/karriere/beruf/2015-08/positives-denken-karriere-job

Miller, Birgit: Harvard-Studie beweist: Ziele sollten Sie unbedingt schriftlich fixieren. In: business-netz.com vom 4. Januar 2011. Online unter www.business-netz.com/Selbstmanagement/Ziele-schriftlich-fixieren

Reichl-Futhner, Wolfgang: Website RE-agieren: www.re-agieren.at (hier auch die Seite mentaltraining-express-das-perfekte-mindset-und-behaviour-training-2/mentaltraining-wochenlektionen-2-3/lektion-06-fakten-gehirn-2-3 im Mitgliederbereich).

Traufetter, Gerald: Die Weisheit der Gefühle. Intuition [Rez.]. Online unter www.spiegel.de/wissenschaft/mensch/intuition-die-weisheit-der-gefuehle-a-507122.html

https://twitter.com/edsheeranspain/status/619775821344047104 [Twitterseite von Ed Sheeran, Tweet vom 11. Juli 2015]

www.golf-absolute.de/biblis-wattenheim/anlage/golfplatz

www.greeneagle.de/golf-courses/#platzgrafiken

www.manifestation-boost.de/70000-gedanken-pro-tag-wie-wirken-sie-sich-aus

www.pgatour.com; www.pgatour.com/stats.html

Über den Autor

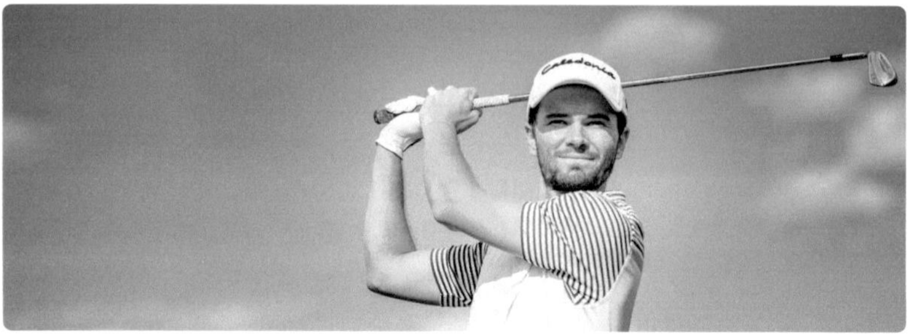

Zum ersten Mal stand Yannick Rosenberger mit acht Jahren auf einem Golfplatz. Das ist heute (bei Drucklegung dieses Buches) über 20 Jahre her. Über die Hälfte dieser Zeit verbrachte er täglich auf der Anlage des Golfclub Heddesheim. Mit gerade einmal 15 Jahren durfte er das erste Mal für die erste Mannschaft spielen.

Inzwischen verfügt Yannick Rosenberger über 15 Jahre 1.- und 2.-Bundesligaerfahrung. Er konnte sowohl nationale als auch internationale Topplatzierungen erspielen. Zu seinen spielerisch größten Erfolgen zählen der Gewinn der Deutschen Mannschaftsmeisterschaft mit der Jugendmannschaft des Frankfurter Golfclubs und der Gewinn der Linkshand-Weltmeisterschaft im Jahr 2019. Für Yannick stand fest: Mentale Stärke ist der Schlüssel zum Erfolg im Golf und Business.

Diese Grundlage festigte sich mit dem Abschluss seiner Trainerausbildung im Jahr 2018 sowie mit seiner Ausbildung zum Diplom-Mentaltrainer in Salzburg im Jahr 2019. Mit diesem Wissen und über 20 Jahren Erfahrung hat Yannick Rosenberger mit GOAL 1N ONE ein eigenes Mental-Coaching-Konzept für Golfer und auch für Unternehmer und Führungskräfte entwickelt, denn diese Stärke ist schlussendlich ein entscheidender Schlüssel zum Erfolg. Er ist ein gefragter Redner, erfolgreicher Mentalcoach von Profisportlern und Nr. 1 Golf-Mentalcoach.

Infos unter: www.yannickrosenberger.de
E-Mail: me@yannickrosenberger.de

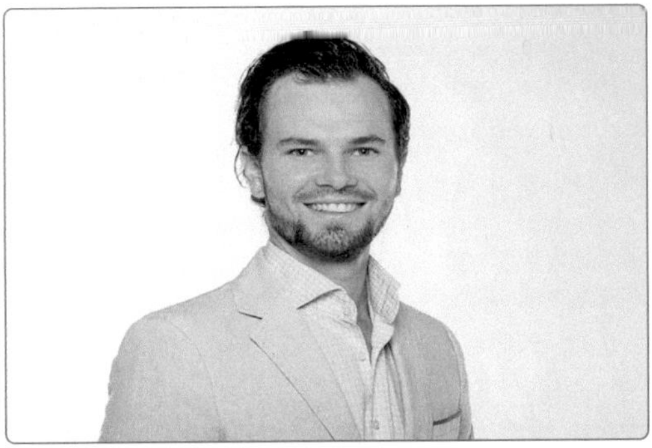

Stimmen zum Buch

„Mein erstes Jahr auf der PGA Tour war in vielerlei Hinsicht fordernd; Yannick hat mir dabei geholfen, immer einen kühlen Kopf zu bewahren. Seine Tools sind leicht verständlich und einfach umzusetzen, und für mich in meiner Turnierroutine nicht mehr wegzudenken."

Matthias Schwab, PGA-Tour-Spieler

„Yannick schafft es, die Alltagsprobleme von uns Golfern klar und einfach zu erfassen und vor allem hilft er dabei, dass diese Probleme keine Probleme mehr sind. Sein Buch ist absolut zu empfehlen und wird jedem Golfer helfen, mental stärker zu werden!"

Fabian Bünker, PGA-Golf-Professional & Head Coach der Fabian Bünker Golf Akademie

„Als Golfcoach, der schon lange im Leistungssport tätig ist, weiß ich wie wichtig der mentale Aspekt beim Golfen ist. Mentaltraining mit Yannick hat zum Glück nichts mehr mit dem verstaubten Image aus den 1990er zu tun. Vorbei sind die Zeiten, in denen nur der Golfprofi sich mental weitergebildet hat: Durch Yannick und seine Ideen findet auch der Golfeinsteiger einen schnellen Zugang zu diesem komplexen Thema. Woher ich das weiß? Durch unsere Zusammenarbeit auf Golfreisen und Workshops konnte ich mich von seinen Fähigkeiten komplexe Probleme einfach zu lösen mehr als nur einmal überzeugen. Sein Buch sowie Podcast kann ich jedem Golfer nur ans Herz legen der offen ist für Mentaltraining."

Patrick Emery, PGA-Golf-Professional & Founder „Der Golf-Blog"

„Yannick vermittelt in GOAL 1N ONE hilfreiche Tipps, wie man mittels mentalen Trainings sein Golfspiel einfach verbessern kann. Diese hängt er an den Situationen und Herausforderungen auf, die jede Golferin resp. jeder Golfer nur zu gut kennt und mit denen sich jeder identifizieren kann. Damit wird das Buch einfach und unterhaltsam zu lesen, und der Spaß beim Lesen hilft, die Inhalte noch schneller umzusetzen."

Alicia Kalbrunner, 1. Damenmannschaft Golfclub Heddesheim

„Die innere Einstellung ist in allen Lebenslagen von großer Bedeutung, denn so wie Du denkst, so handelst Du. Ein positives Mindset ist somit die beste Voraussetzung, um Ziele nicht nur zu fixieren, sondern auch zu erreichen. Positives Denken erfordert genauso viel Disziplin wie regelmäßig Sport zu machen. Wenn Du Dein Mindset mit positiven Gedanken und Emotionen trainierst, bist Du nicht kleinzukriegen. Die negativen Energien prallen an Dir ab und Du fokussierst Dich ausschließlich auf die Chancen und Möglichkeiten. GOAL 1N ONE gibt Dir viele Tipps und Strategien, wie das geht – ob auf dem Golfplatz oder im Business."

Axel Kahn, Unternehmer, Macher, Networker und Mensch

„Das Wichtigste bei allem, was man tut, ist der Kopf. Funktioniert der Kopf, klappt alles andere. Yannick Rosenberger zeigt in diesem praktischen Ratgeber, wie man seinen Kopf richtig auf ‚Gewinnen' polt."

Martin Wagner, Ex-Fußballbundesliga-Profi